Der britische Mandatstaat
Palestina
im Rahmen der Weltwirtschaft

Von

Dr. Hans-Joachim Seidel

Berlin und Leipzig 1926
Walter de Gruyter & Co.
vormals G. J. Göschen'sche Verlagshandlung — J. Guttentag, Verlagsbuchhandlung — Georg Reimer — Karl J. Trübner — Veit & Comp.

Es liegt mir am Herzen, an dieser Stelle dem Herrn Geheimen Rat Professor Dr. Sering für das mir bei der Anfertigung dieser Arbeit bewiesene Wohlwollen verbindlichsten Dank auszusprechen.

Inhalt.

Literaturverzeichnis.

Lausanner Vertrag.
Ruppin, Syrien als Wirtschaftsgebiet.
Ruppin, Aufbau des Landes Israel.
Rechlin, Stellung Syriens in der Weltwirtschaft.
Schulmann, Zur türkischen Agrarfrage.
Schulmann, Palästina und die Fellachenwirtschaft.
Trietsch, Palästina, Handbuch.
Croppa, Die Getreidewirtschaft Syriens und Palästinas seit dem Weltkriege.
Nawratzky, Das neue jüdische Palästina.
Warburg, Prof., Palästina und Syrien als Wirtschafts- und Kolonisationsgebiet.
Kolonisatorische Arbeit in Palästina, Mitteilungen der Palestinaland Comp.
Warburg, Prof., Deutsche Kolonisations-, Wirtschafts- und Kulturbestrebungen im türkischen Orient.
Wachs, Arabiens Gegenwart und Zukunft.
Fischer, Wirtschaftsgeographie.
Brugger, Die deutschen Siedlungen in Palästina.
Auhagen, Beiträge zur Kenntnis des Landes und Landwirtschaft Syriens.
Blankenhorn, Die Hedschasbahn.
Blankenhorn, Naturwissenschaftliche Studien am Toten Meer.
Blankenhorn, Syrien, Arabien und Mesopotamien (Handbuch der regionalen Geographie V, 4, Heidelberg).
Pinkus, Palästina und Syrien.
Rohrbach, Im Lande Jahwehs und Jesu.
Stuhlmann, Der Kampf um Arabien.
Ankel, Grundzüge der Landesnatur des Westjordanlandes.
Wilbuschewitsch, Aussichten der Industrie in Palästina.
Wilhelm, Jüdische Planwirtschaft in Palästina.
Endres, Palästina, Volk und Landschaft.
Auerbach, Palästina als Judenland.
Guthe, Hermann, Palästina.

Hölscher, Landes- und Volkskunde in Palästina.
Wimmer, Palästinas Boden.
Trietsch, Der große Plan zum Aufbau Palästinas.
Trietsch, Baumkulturen in Syrien und Palästina.
Grobba, Die wirtschaftliche Bedeutung der Sinaihalbinsel.
Feigenbaum, Die ansteckenden Augenkrankheiten Palästinas und ihre Bekämpfung.
Sternberg, Die Juden als Träger einer neuen Wirtschaft.
Schneller, Seine Schriften, Syrisches Waisenhaus Jerusalem.
Ballod, Palästina als jüdisches Siedlungsland.
Bücher, Die Heuschreckenplage und ihre Bekämpfung.
Marguliesner, Kampf um den Suezkanal.
Southard Addison, Palestine Washington 1922, Government Printing Office.
Mühlens, Bericht über eine Malariaexpedition nach Jerusalem.
Flavius Josephus, Bellum Judaicum Halle 1920.
Paquet, In Palästina
Sombart, Die Juden und das Wirtschaftsleben 1911.
Palästinamandat 24. 7. 1922.
Report of Palestine Administration, July 1920—Juni 1921.
Report of Palestine Administration, July 1922.
Report of Palestine Administration, July 1920—Dez. 1921.
Holtheim, Zionistisches Handbuch.

Zeitschriften.

Beilagen der jüdischen Rundschau.
Palästinensische Wirtschaftsberichte.
Palestine Weekly.
Jüdische Wochenschrift.
Zeitschrift vom Heiligen Lande.
L'Asie Francaise.
The near East.
Orientalische Wirtschaftsberichte.
Neueste Nachrichten aus dem Morgenlande, Vereinsschrift des Jerusalemvereins.
Archiv für Wirtschaftsforschung im Orient.
Deutsche Allgemeine Zeitung.
Vossische Zeitung.
Berliner Tageblatt.
Die Warte des Tempels (Zeitschrift der deutschen Templer).
Wirtschaftsdienst, Hamburg, Nr. 41, 1923.

Palästina, Wirtschaft.
Manchester Guardian.
Times.
Morning Post
The Fortnightly Review, Januar und März 1924, London.
The Empire Review Nr. 279, April 1924.
Plutus, Georg Bernhard Herausgeber, Heft 5, 1. 3. 24.

Einleitung.

Die aufs äußerste zugespitzten Interessen der Völker prallen aufeinander und finden ihren Ausdruck in dem gewaltigen Völkerringen, dessen Abschnitte die Geschichte beschreibt und dessen letzter noch nicht abgeschlossen ist. Der Sieger triumphiert, der Besiegte liegt am Boden. Der Sieger annektiert, der Besiegte wird um seine wirtschaftliche Stellung gebracht. Das Alte wird zerschlagen, Neues geschaffen. Altes wird zerrissen, Neues zu einer Einheit geformt. Alte Gegensätze erlöschen, neue flammen auf. — Ganz besonders wird die Entwicklung des Orients durch diese Stürme in der nachhaltigsten Weise beeinflußt. Die kriegerischen Ereignisse der römischen Kaiserzeit, die Eroberungszüge der Zeit der arabischen Nordwanderung (637 n. Chr. fällt Jerusalem), Mongoleneinfälle im 13. Jahrhundert, der Uebergang in die Osmanenherrschaft (1516) sind Umwälzungen, deren Wahrzeichen wir noch heute an Land und Bewohnern wahrnehmen können. Sie geben neben den konkreten Wirtschaftsbedingungen dem Land seinen Charakter. Sie ermöglichen es auch, aus dem jüngsten Völkerringen und seinem Auswirken Schlüsse zu ziehen und Zusammenhänge zu finden, deren Berücksichtigung zusammen mit der konkreten Wirtschaft eine klare Beurteilung gestattet.

Zwei Aufgaben stellt sich daher der Verfasser der Arbeit. Einmal, die durch den Weltkrieg neu geschaffenen wirtschaftlichen Bedingungen des Landes, d. h. die sich aus ihnen ergebende wirtschaftliche Lage darzulegen. Dazu ist nötig, einen kurzen Ueberblick über Land, Leute und Wirtschaft des Landes zu geben und immer daran anschließend ausführlich die neueste Entwicklung darzustellen. Für die vergangenen Epochen bis einschließlich der Türkenherrschaft (bis Ende 1918) muß ich zwecks eingehender Orientierung auf die ausgezeichnete und umfangreiche Literatur über Palestina verweisen, von welcher ich einen reichhaltigen Auszug in dem Literaturverzeichnis anfüge. Im zweiten Teil der Arbeit, Palestina im Rahmen der Weltpolitik, will ich prüfen, inwieweit das Land als Interessengegenstand der verschiedenen Großmächte, der Religionen, der Rassen in seiner Entwicklung beeinflußt wird und inwieweit von diesen Einflüssen die einzelnen Wirtschaftsfaktoren begünstigt oder beeinträchtigt werden. Gerade die Wertung dieser Gesichtspunkte, die bisher nicht genügend gewürdigt wurden, ist letzten Endes ausschlaggebend für die Zukunft des Landes. Hat auch nicht einst die römisch-byzantinische Epoche (50—635), die mit der Zerstörung Jerusalems unter Vespasian begann, dem Lande neue Möglichkeiten von außen her gebracht und es mit einbezogen in die Weltwirtschaft des römischen Kaiserreiches, wie andererseits die arabisch-mohammedanische Epoche (35) die ganze Kultur des Landes mit einem Schlage vernichtet hat? Wohl in jedem, der, wie der Verfasser, das Land aus eigener Anschauung kennt, leben die Schilderungen des römischen Chronisten Josephus wieder auf. Er sieht das Land wieder als „Ein gottbegnadetes Plätzchen δεῖον χωρίον ohnegleichen auf der bewohnten Erde“ (Wimmer S. 45), sieht aber auch mit grauenhafter Deutlichkeit, wie Kriege und Mißwirtschaft das Land aus einem Paradies in eine trostlose Steinwüste und Steppe verwandeln können.

I. Kapitel

Die konkrete Wirtschaftslage Palestinas.

A. Das Land.

1. Die politischen Grenzen.

In dem Friedensvertrag mit der Türkei, der am 10. 8. 1920 in Sèvres abgeschlossen wurde, werden die neuen Grenzen der Türkei festgesetzt (Part. II Seite 14—16 Artikel 27—35). Gleichzeitig wird hier der neue Modus gefunden, unter dem die abgetrennten Gebiete Palestinas und Syriens den Siegermächten unterstehen. Der Artikel 22 des Vertrages gibt die Definition der Mandatschaft, auf die wir an anderer Stelle eingehen werden. Frankreich übernimmt die Mandatschaft über Syrien, England dieselbe über Palestina. Eine Regelung der Grenzen zwischen Syrien und Palestina durch diese beiden Großmächte fand erst am 23. 12. 1920 in folgender Weise statt: Bei dem nördlich Haifa gelegenen Ras-Nakura, der sog. Treppe von Tyrus beginnend, geht sie zuerst östlich, dann nördlich an Safed vorbei, welches mit seinen starken Judenkolonien bei Palestina verbleibt, um nördlich bis Metullah anzusteigen, welches jetzt von den Franzosen an das britische Mandatsgebiet abgetreten wird. Von hier erstreckt sie sich weiter ostwärts über Banias, dem alten Cäsarea Philippi, mit seinen Jordanquellen, um dann nach Süden umzubiegen nach dem See Genezareth, an dessen Ostufer sie entlang führt, die östlich von ihm gelegenen Landschaften ausschließend. Von dem am Austritt des Jordans aus dem See gelegenen Samach etwa führt sie nach Westen und schließt die Städte Dera und Bosra noch ein. Sich wieder südlich wendend, erreicht sie das unweit der Hedschasbahn gelegene Nasib und zieht sich von da nach Intar und nordwestlich zu dem höchsten Punkt am Euphrat bei Abu Kemal, 50 Meilen westlich von Anah. So ist Palestina endgültig von Syrien abgetrennt und wir verstehen, daß die palestinensische Judenschaft diesen Schritt besonders schmerzlich empfindet, der ihr den Verlust eines der schönsten Teile Palestinas um und nördlich des Sees Genezareth bringt, in welchem die Siedlungspunkte der jüdischen Arbeiterschaft lagen. Im Süden wird Palestina begrenzt durch die Linie Ma'an, Akaba-El Arisch. Im Westen bildet das Mittelländische Meer die natürliche Grenze, im Osten die Wüste. Wieweit diese Regelung eine endgültige bedeutet, kann nicht gesagt werden, doch ist mit dieser Festlegung eine gewisse Klarheit eingetreten.

2. Geographische Beschreibung.

Wir können mit Rechlin das Relief des Landes in 5 Zonen einteilen. Eine Küstenzone in der Breite von ca. 30 km, die sich längs der Mittelmeerküste entlang erstreckt. Sie hat halbtropischen Charakter, den Boden können wir als kultivierbaren Sandboden bezeichnen. Nach Osten anschließend folgt die Westgebirgszone. Sie umfaßt das galiläische Hochland, die Gebirgsketten Samarias und Judäas. Die mittlere Höhe beträgt 800 m, die Breite 30 bis 50 km. Sie hat durchweg felsigen Charakter. Außer Gestrüpp und vereinzelten, wildwachsenden Olivenbäumen ist sie mit Felsblöcken übersät. Im Sommer lastet eine glühende Hitze auf diesem Landstrich, im Winter ist es rauh und unwirtlich. Als dritte Zone schließt sich die sog. Grabenzone daran an. Sie wird gekennzeichnet durch den tiefen Graben, der sich von Norden nach Süden durch das Land schneidet; er schließt die Seen (Hule, Genezareth, Totes Meer und einige kleinere) und das Flußbett des Jordans ein. Gemeinhin führt dieser Einschnitt, der ca. 10—30 km breit ist, den Namen Chor. Geschützt durch die im Westen vorgelagerte 2. Zone, herrscht hier eine absolut tropische Vegetation, wie wir sie etwa im Sudan finden. Am Toten Meer erreicht diese Erdsenke eine Tiefe von 394 m unter dem Meeresspiegel. Als vierte Zone ist die parallel der Westgebirgszone, den Jordangraben von der Ostseite umschließende Ostgebirgszone zu bezeichnen. Sie erreicht eine Höhe von 800 m im Durchschnitt. Auch hier finden wir kahle Felsen, doch herrscht schon das Grün der Weiden vor und gibt diesem Landstrich ein vorteilhafteres Gepräge. Er ist klimatisch ausgeglichener und bietet daher der Bewirtschaftung bessere Möglichkeiten. Das Hoch- und Steppenland bildet die fünfte Zone, welche dann immer weiter nach Osten sich erstreckend in die syrische Wüste übergeht.

3. Geologische Beschaffenheit.

Kalkerde, Kreide und Sandstein bilden neben den Gesteinen vulkanischen Ursprungs, wie Granit, Gneis und Glimmerschiefer und Basalt, die hauptsächlichsten Gesteinsarten. Eine oft bis 2 m tief reichende Lehmschicht, zuweilen von Kalk durchsetzt, bildet wegen ihrer Konsistenz, besonders an vielen Stellen des Westgebirges, ein natürliches Wasserreservoir und gestattet den Anbau von Bäumen, Sträuchern und Wein, die ihre Wurzeln durch die Kruste an der Oberfläche hindurchzwängen.

4. Wasserverhältnisse.

Drei Binnenseen weist Palestina auf. Den Hule oder Meromsee am Oberlauf des Jordans; 16 km weiter südlich, gleichfalls vom Jordan durchflossen, der See Genezareth von ca. 170,7 qkm Ausdehnung und bis zu 47 m Tiefe (Wimmer S. 14). Während der kleinere Hulesee noch 2 m über dem Meeresspiegel liegt, liegt der See Genezareth bereits 208 m unter dem Meeresspiegel. Der dritte Binnensee schließlich, das Tote Meer, in welches der Jordan einmündet, liegt 394 m unter dem Meer. Das Tote Meer, ein Salzsee, weist eine Länge von 76 km und eine Breite von 15 km auf und hat eine durchschnittliche Tiefe von 300 m. Nur der Jordanfluß, der als einziger in der Nord-Süd-Richtung Palestina durchfließt, hat bei seiner Wassermenge, die durch zahlreiche kleinere Flüsse von Westen und Osten gespeist wird, Anrecht, als Strom bezeichnet zu werden. Sein starkes Gefälle und seine große Wassermenge haben, wie ich später ausführen werde, die Entwicklung des Landes entscheidend beeinflußt. Von den Wasserläufen, die sich nach Westen hin ins Meer ergießen, ist die größte Mehrzahl unbedeutend. Außer dem Nahr el Audsche und Nahr el Zerka, die sich durch starkes Gefälle gleichfalls auszeichnen, verdienen die anderen keine besondere Erwähnung. Vielfach führen sie nur in der Regenzeit in ihren Oberläufen Wasser. Sie haben geringes Gefälle und sind wirtschaftlich schwer nutzbar. Keiner der palestinensischen Flüsse ist schiffbar.

5. Klimatische Verhältnisse.

Die Lage Palestinas zwischen den 30°30 und 30°30 n. Br. reiht das Land in die subtropischen Mittelmeerländer ein. Wir finden eine ausgesprochene Regenperiode ca. 55 Tage in der Zeit von November bis April. Die durchschnittliche Niederschlagsmenge beträgt 600 mm. Das Küstenklima wird in dem amerikanischen Bericht mit dem Kaliforniens verglichen. Das Westgebirge ist im Sommer heiß, im Winter oft sehr kalt. Jerusalem hat im Winter als Minimum einige Grad unter Null, im Sommer dagegen über 30° C. als Maximum. Auch in dem gebirgigen Ostjordangebiet finden wir glutheiße Tage (hier fehlt die erfrischende Seebrise) und bitterkalte Nächte. Selbst Schnee und Eis bedeckt oft die Gebirgsketten. Die mittlere Temperatur des Jordantales liegt bedeutend höher. Am Toten Meere wird sie auf 24° C geschätzt. Hier ist der rein tropische Charakter vorherrschend. Die tropische Hitze Nubiens wird von Trietsch (S. 52) als entsprechend angeführt. Trockener heißer Wüstenwind (Schirokko) und kalte frostbringende Nordwinde wehen abwechselnd über das Land und es gilt Land und Leute vor ihren schädigenden Einflüssen zu schützen.

B. Die Bevölkerung.

1. und 2. Bevölkerungszahl und -dichte. Bevölkerungsgruppen.

Auf einem Gesamtflächeninhalt des Landes, einschließlich des Ostjordanlandes, von 23 040 qkm, wie ihn der amerikanische Konsularbericht angibt, entfällt eine Bevölkerung von ca. 700 000 Köpfen (Trietsch, Palestina-Handbuch, kommt zu einem Gesamtflächeninhalt von 35 500 qkm S. 29. Die inzwischen erfolgte Klärung der Grenzen gestattet anscheinend dem amerikanischen Bericht eine genauere Festlegung). Es beträgt somit auch die Bevölkerungsdichte nicht 26 Trietsch), sondern etwa 30 auf den qkm. Das Bevölkerungselement ist nicht einheitlich; ein buntes Gemisch der verschiedensten Stämme, Völker und Religionen finden wir vor. Das Hauptkontingent stellen die Muselmanen, etwa 600 000 ($^5/_6$ der Bevölkerung). Der größte Teil von ihnen sind Araber, die man wieder in zwei Kategorien einteilen kann: die ansässigen Fellachen und geringer an Zahl, die umherziehenden Beduinen. Etwa 80 000 Juden haben sich mit der Zeit in Palestina angesiedelt. Die Zahl der Christen ist etwas geringer. Unter ihnen finden wir die eingeborenen, arabisch redenden, syrischen Christen, die aus Deutschland eingewanderten Templer und die zahlreichen Vertreter der christlichen Anstalten und Kirchen an den heiligen Stätten. Genauere zahlenmäßige Angaben gestattete eine Volkszählung, die laut Palestine Report of Administration 1922 (S. 58) am 1. September 1922 veranstaltet wurde.

Nach dem Ergebnis setzt sich die zahlenmäßige Stärke der einzelnen Völkerkontigente folgendermaßen zusammen:

Mohammedaner	590 890
Juden	83 494
Christen wobei europäische, griechische und arabische Christen gemeinsam aufgeführt zu sein scheinen	73 024
Drusen	7 028
Samariter	163
Hindus	1 454
Sikks	408
Sa.	756 461

Die Zahl der angegebenen Mohammedaner ist, wie der Bericht selbst zugibt, unvollständig, da sich die Beduinenstämme geflissentlich einer Zählung entziehen.

Ein Drittel der Bevölkerung wohnt in Städten, zwei Drittel auf dem Lande. Wir ersehen daraus, daß der Bauerntyp vorherrschend ist. Türken, die schon vor dem Kriege nur in ihrer Eigenschaft als Offiziere und Beamte vertreten waren, sind jetzt fast gänzlich verschwunden. Einige nomadisierende Stämme, Aegypter, Nubier, Perser, Inder und Zigeuner, auf die der Besucher des Landes hin und wieder stößt, geben dem Land das Gepräge eines bunten Völkergemisches.

3. Regierung.

Palestina, als britischer Mandatsstaat, besitzt als obersten Herrscher einen Zivilgouverneur (High Commissioner). Zu seiner Unterstützung stehen ihm zur Seite ein Verwaltungssekretär, ein Gerichtssekretär und ein Finanzsekretär. Diese drei Stellen stehen über den einzelnen Ressorts, wie öffentliche Sicherheit, öffentliche Gesundheitspflege, Einwanderung, Zölle und Steuern, Handel, Erziehung, Post, Telegraph, Eisenbahn, Gerichtsbarkeit u. a. Das Land ist in 7 Distrikte eingeteilt, an deren Spitze je ein Distriktsgouverneur steht. Augenblicklich ist man jedoch bestrebt, diese 7 Distrikte in 4 zusammenzulegen. Im Oktober 1920 ward ein Advisory Council konstituiert. Er besteht aus 10 durch den High Commissioner ernannten Mitgliedern, von denen 4 Moslems, 3 Christen und 3 Juden sind, des weiteren aus 10 Mitgliedern der Verwaltung. Seine Funktionen sind beratender Natur. Eine eingehendere Würdigung erübrigt sich an dieser Stelle, da dieser Abschnitt im Kapitel 5 unter dem Titel Mandatschaft eingehend besprochen werden soll. Nur sei schon hier das außerordentliche Geschick hervorgehoben, mit welchem die Regierung an diese heikle Frage herantritt, und wie es am besten in den Worten des High Commissioner selbst gekennzeichnet ist, der in seinem Bericht (An Interim Report on the Civil Administration of Palestine during the period July 1920—30. Juni 1921) folgendes ausführt: Changes are made only where they are indispensable. Efficiency is essential to good goverment, but there is a point there efficiency may become harassing. The danger of passing that point is forseen. "Ne pas trop gouverner is a good maxim, particulary in a Eastern country and above all in the early years of a now regime". Wie weit diese Tendenz durch die politische Lage bedingt ist, ihre Wirkung und Gegenwirkung, soll im Kapitel V, Abschnitt 1, unter Mandatschaft Gegenstand der Untersuchung sein.

C. Kultur.

1. Sprache.

Als die Landessprache kann man die arabische bezeichnen. Fast 90% der Bevölkerung beherrscht sie. Die türkische Sprache hat ihre Bedeutung jetzt gänzlich verloren, während sie früher noch die Beamtensprache war. An ihre Stelle trat die englische Sprache; sie ist nicht nur die offizielle Regierungssprache, sondern auch im Handel und Verkehr bürgert sie sich mehr und mehr ein, das Französische, welches die Sprache der Gebildeten war, ablösend. Neben der englischen Sprache nimmt auch die Bedeutung des Neuhebräischen zu. Jüdische Institutionen, Anstalten und Schulen der jüdischen Bewohner und Einwanderer haben diese Sprache gepflegt und so ein einheitliches Band um alle Bewohner jüdischen Glaubens geschlungen. In den Kolonien der deutschen Templer wird die deutsche Sprache gesprochen und zwar meistens ein unverfälschter schwäbischer Dialekt. Bei der Sprachgewandtheit des Orientalen wundert es uns nicht, oft auf Leute zu treffen, die sämtliche hier angeführten Sprachen beherrschen, ja zuweilen noch weit mehr.

2. Religion.

Sowohl das Christentum als auch das Judentum, ja in hohem Maße auch der Islam, haben ihren Ausgangspunkt in dem gelobten Lande und sind heute noch in ihm vertreten. Fünfsechstel der Bewohner bekennen sich zum Islam. Die Zahl der Juden war 1922 etwa 80 000, ist aber im Anwachsen. Wohl fast alle christlichen Konfessionen sind, wenn auch in geringer Anzahl vertreten. Zu nennen sind die evangelischen Christen, die Templer, die Griechisch-Orthodoxen, die Griechisch-Katholischen, die Armenisch-Orthodoxen, die Armenisch-Katholischen, die Römisch-Katholischen. Klöster, Wohlfahrtsinstitute, besonders in Jerusalem, der heiligen Stadt, aber auch sonst im Land, beeinflussen neben dem jährlich zunehmenden Pilgerverkehr das Wirtschaftsleben. Die Einflüsse der Religionen, besonders des Islam, auf die Volkswirtschaft werden in einem späteren Abschnitt ausführlich gewürdigt werden.

3. Schulwesen.

Vorzüglich auf dem Gebiete des Schulwesens hat die Mandatsregierung umfassende Reformen in die Wege geleitet und ihre Aufmerksamkeit voll auf die Entwicklung dieses Gebietes gerichtet. Es zeigt sich hier das Geschick des Engländers auf dem Gebiete der Kolonisation. Er schafft sich hier durch das Unterrichtswesen ein Instrument zur Durchdringung des Landes, wirksamer als Soldaten und Geschütze. Ich entnehme einer Rede des High Commissioner, die am 3. Juni 1923 zum Geburtstage des Königs in Jerusalem gehalten wurde, die folgenden Ausführungen: „Die Regierung hat einen umfassenden Plan entworfen, der innerhalb von vier Jahren das ganze Land mit Schulen versorgen wird. Die Einwohner, d. h. die einzelnen Gemeinden, haben die Schulgebäude mit der Einrichtung zu versehen und für notwendige Reparaturen zu sorgen. Die Regierung bezahlt das Gehalt der Lehrer. In den letzten 34 Monaten sind in 34 Dörfern Elementarschulen errichtet worden, die von 1360 Kindern besucht werden. 46 Schulen, die in den letzten zwei Jahren von Dörfern errichtet und mit Staatszuschuß ausgestattet waren, sind von der Regierung übernommen worden. Im laufenden Finanzjahr will die Regierung weitere 36 Schulen eröffnen. Ein Lehrer- und ein Lehrerinnenseminar sind schon vorhanden und sollen weiter ausgebaut werden. Im September wird das Lehrerinnenseminar 50, das Lehrerseminar 80 Leute für den Lehrerberuf vorbereiten. Es sind auch Lehrer angestellt worden, die unter Beduinenstämmen leben und die Beduinenkinder unterrichten. Staatszuschüsse sollen einer großen Zahl Schulen gewährt werden, die von religiösen und anderen Organisationen unterhalten werden. Im Jahre 1921 sind 75 Schulen durch die Regierung eröffnet worden und die Schulen, die bisher Staatszuschüsse erhielten, wurden auch als Regierungsschulen übernommen. Die Unterrichtssprache ist die arabische, nur in den Städten wird englischer Sprachunterricht vom 3. Schuljahr ab gegeben. Hebräisch ist nicht eingeführt, da die Zahl jüdischer Kinder in den Regierungsschulen unbedeutend ist. Nach Beendigung des vorgesehenen Ausbaues des Schulwesens, der sich über vier Jahre erstreckt, hofft man jedem Kind in Palestina die Möglichkeit zum Schulbesuch geschaffen zu haben. Umfassend und wohldurchdacht sind diese Schritte der Mandatsregierung besonders, daß man auch die widerspenstigen Beduinenstämme, die als Herren jeden Herren über sich befehden, auf diese Weise nach und nach zu durchdringen versucht.

4. Lebenshaltung.

Der Lebenshaltungsstandard ist bei der Bauernbevölkerung, die etwa 90% der Landesbewohner ausmacht, ein äußerst niedriger. Die Holzarmut des Landes zwingt sie zum Bau primitiver Lehmhütten, oft ohne jedes Fenster, ja die ganz Armen hausen inmitten ihres Viehs wie das Vieh. Bei dem besser gestellten Teil finden wir Steinbauten. Einfach und bedürfnislos besitzt dieser Teil der Bevölkerung so gut wie keine Kaufkraft. Seine Kleidung stellt er vielfach selbst her oder tauscht sie gegen Naturalien ein. Seine Kost besteht aus den Früchten, die ihm sein Land bietet. Oliven, Gurken, Zwiebeln, Melonen, Rettiche, Butter, Schafkäse, Durrabrot bilden die Hauptbestandteile derselben. Schulmann (S. 67) berechnet die jährlichen Ausgaben für den Gesamtunterhalt einer Fellachenfamilie auf 532,50 Fr. Von diesem Hauptteil der Bevölkerung und seiner Lebenshaltung gibt es nun Uebergänge jeden Grades. Jüdische Arbeiterkolonien, jüdische und deutsche Kolonien zeigen das Bild einer deutschen Bauernwirtschaft. In den Städten finden wir einen gut gestellten Handwerkerstand, sowie die wohlhabenden Effendis, die an Luxus und Wohlleben eine echt orientalische Ueppigkeit aufweisen und orientalische Pracht mit neuzeitlichem Luxus vereinigen.

5. Gesundheitszustand.

Wie schlimm es im Orient im allgemeinen mit der Hygiene bestellt ist, erhellen die im Kapitel Lebenshaltung erwähnten Wohnungs- und Lebensverhältnisse. Die niedrigen, unsauberen Lehmhütten ohne Licht und Sonne, die ungünstigen Wasserverhältnisse, die Indolenz der Bewohner leisten der Verbreitung von Ungeziefer, von Seuchen und ansteckenden Krankheiten den besten Vorschub. Es wundert uns also nicht, wenn Prof. Mühlens in seinem Bericht über die Malariaexpedition nach Jerusalem feststellt (s. Lit.-Verz.), daß der Durchschnitt der Malariakranken zwischen 26—50% schwankt. Daneben stehen gleich verhängnisvoll die Augenkrankheiten. Feigenbaum gibt in seinem Bericht den Durchschnitt der an Trachom Erkrankten von 20—33,9% an und bei einer Zahl von 1760 Untersuchten gelangt er zu einem Prozentsatz von 2,45 an Blinden. Aus dem Jahresbericht des von einem englischen Orden unterhaltenen Hospitals für Augenkrankheiten geht hervor, daß die Verbreitung des Trachoms in Palestina im Zunehmen ist. Das Departement für Volksgesundheit der Palestinaregierung hat für das Jahr 1922 festgestellt, daß in einzelnen Landkreisen 97% Trachomkranke sind. 74% der Schulkinder sollen davon befallen sein. Wegen Trachomleidens standen in Behandlung 38 282 Mohammedaner, 10 726 Christen und 8202 Juden. Palestina-Beilage der Jüd. Rundschau 20. 5. 23.) Nicht so häufig trifft man Lepra, auch ist dieselbe nicht so ansteckend wie Trachom. Zwei Lepraheime existieren, doch gibt es keine zwangsweise Internierung. Sehr stark treten auch die Geschlechtskrankheiten auf. Pappatacifieber, vereinzelt auch Rückfallfieber, kommen vor. Die große Staubplage leistet der Tuberkulose Vorschub. Gerade auf dem Gebiete des Gesundheitswesens geht man jetzt mit Unterstützung der Regierung energisch vor. Die Regierung schuf für die Zivilbevölkerung binnen kurzem 15 Hospitäler, 21 Armenapotheken, 8 Kliniken und 5 Seuchenstationen, die von ihr unterhalten werden. Dazu sind nicht gerechnet all die Krankenhäuser und Wohlfahrtsanstalten der religiösen Organisationen. Den Erfolg des tatkräftigen Einsatzes für die Volksgesundheit zeigt der Report of Palestine Administration 1922, der eine Zahl von Todesfällen durch Malaria von 65 angibt gegen 113 im Jahr 1921 und eine Geburtenziffer von 39,3 gegenüber 28,1 im Jahre 1921 und eine Sterbeziffer von 17,9 gegen 17,9 im Jahre 1921 auf tausend Köpfe der Bevölkerung. So hat sich die Mandatsregierung nicht nur ein Instrument geschaffen, den Gesundheitsstand der Bevölkerung und damit die wirtschaftliche Leistungsfähigkeit derselben zu heben, sondern auch ein Mittel sich die Sympathien der arabischen Bevölkerung zu erwerben und die im Land sich gegen die Regierung erhebenden Stimmen durch solche Tatsachen friedlich zum Verstummen zu bringen. Auch die Zionisten lassen es sich angelegen sein, tatkräftig gegen diese Krankheiten vorzugehen, die das Land in seiner wirtschaftlichen Bedeutung herabsetzen und das ganze Wirtschaftsleben empfindlich stören. Gewissenhafte Aerzte, auch einheimische, die die Indolenz der Fellachen durch Aufklärung beseitigen, gesunde Wasserverhältnisse, Sumpfregulierungen, hygienische Institute sind die Mittel mit denen man an diese schwere Aufgabe herangeht. Ja man verhandelt mit der Regierung wegen Schaffung eines Kurbades an den heißen Quellen von Tiberias und hat ein Sanatorium auf dem Karmel erbaut. Die Geburten- und Sterbeziffern der vergangenen Jahre zur Betrachtung heranzuziehen, ist leider nicht möglich, da eine derartige Statistik nicht existiert, jedoch ist die Säuglingssterblichkeit ungeheuer hoch. Auerbach (Archiv für Rassen und Geschlechtsbiologie 1917, 2, S. 159) schätzt sie auf 40—50% und sagt, daß von dem Rest bis zum geschlechtsreifen Alter auf 10 nur 4 durchgebracht werden. Wir sehen, die Gesundheitsverhältnisse erfordern dringende Beachtung. Energisch gehen die Regierung und die religiösen Gemeinschaften an diese Aufgabe heran, wohl wissend, daß ohne gesunde Bevölkerung keine gedeihliche Wirtschaft entstehen kann.

6. Gerichtsbarkeit.

Die Gerichtsbarkeit liegt vorzugsweise in den Händen englischer Staatsbeamter. Sie üben die Zivil- und Staatsgerichtsbarkeit aus. Das Land ist in vier Gerichtsbezirke (District court) eingeteilt mit englischen Richtern im Vorsitz. Dazu gesellen sich zwei einheimische Beisitzer. Sie erledigen Zivil- und Strafsachen erster Instanz. Unter diesen Distriktsgerichtshöfen gibt es noch eine Instanz, die sogenannten Magistrates court (Verf. § 39). Geringfügige Prozesse und Streitigkeiten liegen ihnen ob. Gegen ihre Urteile ist der Distriktsgerichtshof Berufungsinstanz (Verf. § 40). In Handelssachen gestattet die Verfügung des Justizsekretärs vom 16. 12. 1921 zur Entscheidung von Tatfragen zwei Privathandelsleute an Stelle der gewöhnlichen Beisitzer hinzuzuziehen. Den Urteilsspruch fällt der Richter nach Anhörung der Beisitzer. Das oberste Gericht liegt in den Händen des Appellationsgerichtshofes (Suprem court) in Jerusalem (Verf. § 43). An seiner Spitze steht ein englischer Präsident (Chief Justice) und ein englischer Vizepräsident. Er verkörpert die höchste und letzte Berufungsinstanz der Distriktsgerichtshöfe. Nur in Zivilsachen, die einen Wert von 500 Aegypt. Pfund übersteigen, ist eine Berufung an den englischen Kronrat möglich (§44). Den Nomadenstämmen ist ihre Stammesgerichtsbarkeit belassen (Verf. § 46). Die Staatsanwaltschaft ist die des türkischen Rechts, ihr Vorsteher der Governments Advocate. (Report of Palestine S. 89). Man arbeitet zur Zeit an einer neuen Strafprozeßordnung. Bis zu ihrer Einführung bleibt die des türkischen Rechtes in Geltung. Noch liegt der Rechtsprechung die Scheria zugrunde. In ihr verkörpern sich die Normen des islamitischen Rechts, die bisher in der Praxis den Kadis und Muftis eine willkürliche Anwendung gestatteten. Verfügungen und Verordnungen der Regierung haben das Gesetz verbessert, vereinfacht und ergänzt und werden es mit der Zeit gänzlich ersetzen. An Stelle der Kadis und Muftis ist in der öffentlichen Gerichtsbarkeit der englische Richter getreten. Damit ist aller Korruption, des sogenannten Zeugenkaufs, kurz aller Rechtswidrigkeiten, wie sie in der Türkenzeit als ein Krebsschaden das Wirtschaftsleben bedrückten ein Ende bereitet und das Rechtsverfahren dem einer britischen Kronkolonie im wesentlichen angepaßt worden. Neben diesen Staatsgerichtshöfen laufen parallel die Gerichte der einzelnen religiösen Gemeinschaften. So haben die Moslems, die Juden und die Christen ihre eigene Rechtsprechung. Hier erledigen sie die Streitigkeiten des Familien- und Erbrechtes, wie Scheidungen, notarielle und testamentarische Handlungen usw. untereinander.

Der mohammedanische oberste Gerichtshof (Supreme Moslem Sharia Council) bildet die Berufungsinstanz für die mohammedanischen Gerichtshöfe. (Off. Gaz. of Pal. 1. 1. 1922

Nr. 52.) Sie alle stehen jedoch unter staatlicher Aufsicht und für sie bildet der öffentliche Gerichtshof die letzte Berufungsinstanz. Ebenso werden die Fälle Angehöriger verschiedenen Glaubens vor den öffentlichen Gerichten verhandelt. Rechtsstreitigkeiten von Ausländern werden ebenfalls vor den öffentlichen Gerichten ausgetragen (Verf. § 58), womit endgültig die Aufhebung der alten Kapitulationen, die im Kapitel 8 des Palestinamandats festgelegt ist, verwirklicht worden ist. Ausländer haben weiter das Recht, eine Mehrheit englischer Richter zu verlangen (Verf. §§ 60 und 63). In Personalstandesangelegenheiten soll bei Ausländern ihr Heimatrecht angewandt werden (Verf. § 64). Die Konsuln üben nur noch freiwillige Gerichtsbarkeit aus (Verf. § 67). Um die Einheimischen für die Lokalgerichte vorzubilden hat die Regierung weiterhin eine Rechtsschule (Law classes) in Jerusalem errichtet. Die Leitung liegt in den Händen der Hauptbeamten des Justizdepartements. Auf ihr waren 149 Studenten eingetragen, die etwa zur Hälfte aus Arabern und zur anderen Hälfte aus Juden bestanden.

II. Kapitel: Die Produktion.

A. Landwirtschaft.

1. Agrarrecht.

Man unterscheidet in Palestina, übernommen vom türkischen Régime, noch fünf Arten des Grundeigentums.

1. Mirieland (Staatsdomänen),
2. Mülkland (Privatbesitz),
3. Waqfland (Güter der toten Hand),
4. Metrukeland (Grundstücke für den öffentlichen Verkehr),
5. Mevatland (toter, unbebauter Boden).

Die zur Zeit der Türkenherrschaft bestehenden Grundeigentumsverhältnisse, die durch Schulmann (zur türkischen Agrarfrage s. S. 38—62) eine eingehende Darstellung erfuhren, beruhten in ihren verhängnisvollen Auswirkungen auf dem Nichtvorhandensein eines zuverlässigen Grundbuches, dem Mangel jeglicher Statistik und der Unterlassung einer genauen und gewissenhaften Vermessung des Landes. Diesen Uebelständen ist durch die neue Regierung abgeholfen worden. Ein Grundbuch ist angelegt worden. Eine eingehende Vermessung des Landes schreitet ihrem Ende entgegen. Die Regierung hat eine Landkommission gebildet mit einem englischen Präsidenten an der Spitze und einem Moslem und einem Juden als Beisitzer. Ein Landdepartement hat die Regelung aller Fragen, die das staatliche Immobiliareigentum betreffen, und den dazu nötigen gesetzlichen Schutz übertragen bekommen. Die Staatsdomänen werden von der Regierung verwaltet, ihre Einkünfte fließen dem Staate zu. Das Mülkland ist das eigentliche

Privateigentum mit freier Verfügungsgewalt des Besitzers. Die Waqfländereien, die aus Moscheengütern und religiösen Stiftungen bestehen und deren Schutz im Artikel 9 des Palestinamandats festgelegt worden ist, sind unter die Kontrolle eines obersten Rates gestellt, der von der moslemischen Gemeinschaft in Palestina gewählt wurde. Diesem Rat hat die Verwaltung auch freiwillig beträchtliche Einkünfte zurückerstattet, die von der türkischen Regierung beschlagnahmt worden waren. Die Einnahmen bestehen aus Verpachtungen (26%), Zehntelabgaben der dem Waqf gewidmeten Güter (62%), Regierungszuschüssen (10%), insgesamt im Jahre 1920 etwa 35 000 englische Pfund. Das Metrukeland ist der öffentliche Besitz. Er besteht aus öffentlichen Wegen, Märkten usw. und hat geringe Bedeutung. Das Mevatland ist das Oedland. Auch dieses ist von der Regierung vermessen und seine Bebauer werden grundbuchmäßig eingetragen. Zu erwähnen ist noch eine gesetzliche Bestimmung, die noch in Kraft ist, wonach der Boden, der drei Jahre lang unbebaut ist, dem Staate anheimfällt.

2. Grundbesitzverteilung und Bodenpreise.

Wie ich in dem vorigen Kapitel dargelegt habe, zerfällt der größte Teil des Grundbesitzes in drei Teile, der Größe nach in die Staatsdomänen, die Moscheengüter und den Privatbesitz. Der Privatbesitz gliedert sich wieder in den Großgrundbesitz, der ungefähr zwei Drittel des Privatbesitzes ausmacht, und den Rest, der sich unter arabische Kleinbauern, jüdische und auch schließlich deutsche Kolonien verteilt. Da der größte Teil des Privatbesitzes sich in den Händen der Großgrundbesitzer befindet, und diese damit eine Art Monopolstellung bezüglich der Bodenpreise innehaben, ist es erklärlich, daß eine unheilvolle Spekulation und Bodenwucher in gröbster Form sich ausbreiten konnten. Während die Effendis selbst sich um die Bewirtschaftung ihres Besitzes nicht kümmern, sondern ihrem Verwalter die Eintreibung der Pachtgelder anvertrauen, der in dieser Eigenschaft wie ein Tyrann in den Dörfern herrscht, alles Erreichbare für sich und seinen Brotherren an sich reißt und die Fellachen zu einer Sklavenstellung herabwürdigt, reisen sie selbst nach Ain Sofar im Libanon (eine Spielhölle nach französischem Muster) nach Kairo, Beirut oder nach Paris um in verschwenderischem Luxus das Geld wieder durchzubringen. Dieses Verhältnis der Effendis zu den Fellachen ist durch die Maßnahmen der englischen Regierung, wie später gezeigt wird, eingeschränkt worden. Es ergibt sich nun die eigenartige Tatsache, daß die Effendis, durch diese behördlichen Maßnahmen in der rücksichtslosen Aussaugung, der ihr Land bebauenden Fellachen beengt, jetzt ihren Besitz, besonders bei der großen Bodennachfrage der Zionisten, lediglich als Spekulationsgut betrachten und Bodenwucher schlimmster Art betreiben. Sie verkaufen durch Fellachen bewohntes und bebautes Land an Siedelungsgesellschaften. Treten diese den Besitz an, so müssen sie entweder die seit Jahrhunderten dieses Land bebauenden Fellachen vertreiben, oder diesen Fellachen ebenfalls eine Kaufsumme zugestehen und ihnen neue Siedelungsmöglichkeiten verschaffen. Bekannt ist der in Aegypten lebende Effendi Sursuk, der 72 Pfund pro Hektar Malaria verseuchten Bodens verlangt. Selbst für schlechtesten Gebirgsboden wurde von den Zionisten 22 Pfund pro Hektar gezahlt. Die Folge hiervon ist, daß die Ansiedler auf eine Bodenrente verzichten müssen, denn nie wird solch unkultivierter Boden eine Rentabilität ergeben. Da ich diese Fragen im Kapitel V unter arabisch-mohammedanischer Bewegung im Rahmen der Gesamtentwicklung behandle, verzichte ich hier bei der rein darstellenden Betrachtungsweise auf eine ausführliche Würdigung dieser Vorgänge.

3. Bebaute Bodenfläche.

Dem englischen Regierungsbericht zufolge umfaßt das ganze Gebiet von Palestina annähernd 1 514 088 ha. Von dieser Fläche sind nur 501 404 ha unter Kultur. Als unbebautes Land, welches jedoch kulturfähig ist, wird eine Fläche von 308 146 ha angegeben. 704 488 ha werden als nicht kulturfähig betrachtet, in sie sind Wälder, die Wüstengegenden im Süden, das steinige Gebirgsplateau von Judäa, die Sümpfe und Sanddünen der Küste eingeschlossen. Rechnet man, daß das Sumpfland, das etwa 15% des nicht kulturfähigen Landes ausmacht, durch Drainage in Kulturland umgewandelt werden kann, so würde sich die anbaufähige Fläche um diesen Prozentsatz erhöhen und es ergibt sich dann als Resultat, daß 55% des kulturfähigen Bodens tatsächlich auch unter Kultur stehen, während 45% des kulturfähigen Bodens unbearbeitet blieben. Die Art der Bewirtschaftung ist bei den Fellachen, die den Hauptkontingent der Landbevölkerung stellen, noch äußerst primitiv. Auf dem nicht entsteinten Acker, der zuvor mit dem Holzpflug etwa 10—12 cm tief aufgeritzt ist, bringt der Fellache seine Frucht ohne vorherige Düngung und Pflege. Er betreibt Zweifelderwirtschaft und kennt keine Fruchtfolge. Zwecks ausführlicherer Orientierung muß ich hier auf die Arbeiten von Schulmann und Fischer (Wirtschaftsgeographie von Syrien) verweisen. Anders ist es bei den zionistischen Kolonien, die mit modernen Maschinen und dem ganzen Rüstzeug moderner Agrarwissenschaft an die Kultivierung des Landes herangehen. Was ich hier nicht unerwähnt lassen möchte, ist das freimütige Lob, das der High Commissioner in seinem Report on Palestine Administration July 1920 bis Dezember 1921 den deutschen Kolonisten spendet, wenn er Seite 107 ausführt: A contrast, establishing the potential value of the climate and soils of Palestine, is furnihed by the record of the German colonies at Wilhelma, Sarona and Bet Lahm, where ordinary good farming practice afforded harvests of three times the normal yield for the country at large!

a) Anbau zur Deckung von Speise und Futter.

Das Hauptanbauprodukt in Palestina ist der Weizen. Nach einer vom Direktor of Agriculture in der Review of the Agricultural Situation herausgegebenen Tabelle beträgt die durchschnittliche Jahresproduktion an Weizen für die

Jahre 1920—1923 79 027 to. Der mittlere Ertrag ist das 30fache der Aussaat. Auf günstigem Boden und bei günstiger Witterung erreichte er oft das 60—80fache, in schlechten Jahren nur das 5fache. Hinsichtlich der Qualität gehört dieser Weizen zu der Art des Hart- oder Makkaroniweizens, der gegen Trockenheit und Hitze sehr widerstandsfähig ist und sich besonders für Palestina als niederschlagarme Gegend eignet. Seine Aehren sind viel stärker, als beim europäischen Brotweizen mit Granen besetzt, was ihm einen Schutz gegen die Vögel verleiht. Sein Mehl ist minderwertig, doch eignet es sich vorzüglich für Makkaroni- und Grießherstellung. Das Dreschen vollzieht sich noch in der gleichen Weise wie vor 1000 Jahren. Die Tenne wird gestampft, daß sie hart und eben ist, das Getreide wird im Kreise ausgebreitet und mit schlittenartigen Brettern, welche mit Feuersteinen besetzt sind, befahren. Als Zugvieh wird das Kamel, der Ochse und auch der Esel verwandt. Dies geschieht so lange bis das harte Stroh klein und weich ist und Aehren und Hülsen zerrissen sind. Hierauf wird das Getreide durch Werfeln vom Stroh geschieden und in Windfegen gereinigt. Die Dreschmaschine hat bis jetzt noch wenig Anklang gefunden, weil die Weizenhülsen durch den Tau lederartig zäh werden und nur bei großer Tourenzahl der Dreschtrommel die Körner hergeben. Bei dieser Tourenzahl wird aber ein Teil der Körner zerschlagen. Außerdem bleibt das Stroh bei den gewöhnlichen Dreschmaschinen hart und wird vom Vieh als Futter abgelehnt. Diesen Uebelständen kann durch verschiedene Trommeln und Aenderungen der Maschine abgeholfen werden, jedoch wird die Maschine hierdurch zu teuer, so daß sie für den kleinen Landwirt nicht in Frage kommt.

Nicht so erheblich ist der Anbau von Gerste. Ihrer geringen Qualität wegen wird sie im Lande selbst nur als Viehfutter verwandt. Dagegen ist sie ausgezeichnet als Braugerste. Das Hauptanbaugebiet ist die Gegend um Gaza, dessen durchschnittliche Produktion etwa 60 000 t im

Jahre beträgt. Etwa 75% davon gehen ins Ausland, hauptsächlich nach England als Braugerste.

Als weitere Getreideart wird Durra, eine der Hirse verwandte Pflanze angebaut. Die arme Fellachenbevölkerung bäckt aus ihr das tägliche Brot. Im allgemeinen wird sie nur als Mengfutter für Vieh und Geflügel verwandt. Ein Teil von ihr geht nach England zur Spiritusbrennerei. Die Durchschnittsproduktion beträgt 40 000 t. Roggen und Hafer werden bis auf ganz geringe Mengen, die von deutschen und jüdischen Kolonisten gesät werden, nicht angebaut. Der Anbau von Reis und Mais ist als unbedeutend zu bezeichnen. Wichtig ist noch der Anbau von Sesam, der in günstigen Jahren bis zu 4000 t ergibt. Er dient zur Herstellung des Sesamöls, welches bei der einheimischen Bevölkerung einen wichtigen Bestandteil der Ernährung bildet.

An Hülsenfrüchten sind Bohnen, Erbsen, Linsen, Wicken und Lupinen zu nennen. Die Kartoffel und die Rübe sind so gut wie unbekannt. Von großer Bedeutung ist jedoch der Gemüsebau. Wie ich später ausführen werde, ist das Land für ihn geradezu prädestiniert. Ueberall finden wir Zucker- und Wassermelonen, Tomaten, Kürbis und Zwiebeln. Sehr verbreitet sind die Gurke (man sagt von ihr, sie sei das Brot des armen Mannes, der sie roh ißt), Auberginen, Spargel, Artischocken, Kohl, Blumenkohl, Mohrrüben und Knoblauch. Sie alle decken zum größten Teil den Konsum des Landes und nur ein geringer Teil wird nach Aegypten und England ausgeführt.

b) Spezialkulturen.

Die Olivenkultur: Der Haupthandelsartikel der Vorkriegszeit war das Olivenöl. Der Olivenbaum, der in seiner Anspruchslosigkeit überall gedeiht, so gut wie keiner Wartung bedarf und einige hundert Jahre alt werden kann, ist das Kennzeichen der palestinensischen Landschaft. Der Mangel an Kohle für die Lokomotiven im Kriege, zwang die Heeresverwaltungen zum Heizen mit Holz und da der

Olivenbaum die vorherrschende Holzart war, so fiel er unter den Aexten der Truppen und der Bevölkerung, die sich auf diese Weise einen kleinen Verdienst schuf. Im Umkreis von 10 englischen Meilen längs der Bahn sind die Olivenbäume zum größten Teil abgeholzt. Während man vor dem Kriege ungefähr 2 Millionen Bäume zählte (lt. amerikanischem Konsularbericht), steht jetzt etwa nur die Hälfte. Der Schaden ist ungeheuer. Wenn auch die Mandatsregierung mit allen Mitteln vorgeht, das Abholzen streng verboten hat und zum Anpflanzen auffordert, so wird es dennoch Jahre dauern, bis Bestand und Ertrag die alte Höhe wieder erreicht haben. Da die Bauern die Früchte mit Stöcken abschlagen, wodurch die Bäume arg beschädigt werden, ist nur in jedem zweiten Jahre mit einer Ernte zu rechnen. Das Beispiel der deutschen Kolonisten und der Zionisten, die die Früchte von den Zweigen pflücken und auch sonst dem Baum Pflege angedeihen lassen, wodurch sie jährlich eine gute Ernte erzielen, setzt sich jetzt auch bei der Bevölkerung immer mehr durch. Die Früchte werden im Spätherbst geerntet, gemahlen und gepreßt. Südfrankreich liefert Mühlen und Pressen, soweit man nicht noch die primitiven Pressen des Orients hat, deren Extraktionskraft eine bedeutend geringere ist. Das Olivenöl dient ausschließlich dem Inlandsbedarf. Nach dem amerikanischen Konsularbericht sind im Jahre 1920—1921 noch 448 t eingeführt worden. Das Oel zweiter und dritter Qualität (nach mehrmaligem Pressen gewonnen) und die sonstigen Rückstände dienen der Seifenbereitung, eine Industrie, die an Bedeutung immer mehr zunimmt. Das Holz der unbrauchbaren Bäume wird neben Feuerungszwecken zur Herstellung von Andenken benutzt.

Der Feigenbaum, dessen Verbreitung im Wachsen begriffen ist, deckt in der Hauptsache den örtlichen Bedarf. In geringerem Maße gilt auch für die Dattel dasselbe wie für die Feige. Die Anlage von Maulbeerpflanzungen, die während des Krieges aufgehört hatte, ist von den Zionisten wieder aufgenommen worden, doch hat die Seidengewinnung wegen der großen internationalen Konkurrenz wenig Aussicht auf Erfolg. Vor allem ist es die japanische Seide und die Kunstseide, die eine Wiederanpflanzung von Maulbeerbäumen unwahrscheinlich macht.

Die Anlage von Baumwollplantagen ist über ein Versuchsstadium noch nicht hinausgekommen. 1909 hat eine jüdische Kolonie 115 Acker versuchsweise bepflanzt und 282 Pfund pro Acker von guter Qualität geerntet. Die Versuche der deutschen Ansiedler im Jahre 1910 waren nicht erfolgreich, sie litten besonders unter der Insektenplage und führten zu dem Ergebnis, daß ein Anbau in der Küstenzone nicht rentabel sei. Nach ausreichender Bewässerung ist jedoch, wie sich ägyptische Fachleute äußern (amerikan. Konsularbericht) ein Anbau im Jordantal erfolgversprechend. Abschließend kann man schon jetzt sagen, daß ihm keine große Zukunft bevorsteht, besonders, da im Nachbarland Aegypten eine hochentwickelte Konkurrenz besteht.

Viel günstiger verhält es sich mit dem Orangenbau. Er hat sich zum hauptsächlichsten Ausfuhrartikel herangebildet und in der Ebene von Sarona und in der Nähe von Jaffa konzentriert. Das Emporblühen dieser Kulturen ist den Bemühungen der jüdischen landwirtschaftlichen Kolonien zu verdanken. Es gibt dem amerikanischen Bericht zufolge etwa 6000 Acker Orangenhaine in Palestina. Besonders die Jaffaorange zeichnet sich durch auffallende Süße aus. Die Orangenkultur erfordert sorgfältige Bewässerung, die in den Kolonien durch Pumpwerke bewerkstelligt wird. Nur ganz vereinzelt finden wir Granaten- und Zitronenbäume. Ihnen kommt keine volkswirtschaftliche Bedeutung zu. Beachtenswerter sind die Plantagen von Mandelbäumen, auch eine Kultur, deren Entwicklung den jüdischen Kolonien vorwiegend zu danken ist. Im Jahre 1920 wurden 3 Millionen Pfund Mandeln geerntet und diese Zahl wird weiter steigen, da die Anlage dieser Plantagen im Wachsen ist. Aprikosen und Pfirsiche werden für den einheimischen Bedarf gezogen, doch haben sie für den Handel noch keinen besonderen Wert. Was noch von Spezialkulturen im wachsenden Maße Bedeutung beansprucht, ist der Wein- und Tabakbau. Der Weinbau, der schon seit undenklichen Zeiten in Palestina zu Hause ist, hat seine volkswirtschaftlich bemerkenswerte Ausdehnung erst durch die jüdischen Kolonien, die mit Unterstützung des Barons Rotschild vor etwa 35 Jahren entstanden sind, gefunden. Der Weinbau bildet nicht nur die Grundlage für die Produktion von Wein, sondern auch für eine bedeutende Rosinenindustrie. Bei Rischon le Zion, einer jüdischen Kolonie in der Ebene von Scharon, fassen die Weinkellereien annähernd 1 540 000 Gallonen (4,34 l) und sollen mit die größten der Welt in dieser Art sein. Von der Weinproduktion gehören etwa 80% zu Rotweinen für Tafelzwecke. Noch leidet zur Zeit der Weinbau unter den Nachwirkungen des Krieges, in dem er vollkommen vernachlässigt wurde, aber sicherlich wird er sich in zunehmendem Maße erholen.

D e r T a b a k b a u. Der High Commissioner hob nach Uebernahme der Verwaltung die bisher geltenden Privilegien der türkischen Tabakregie auf und schuf hiermit die freie Entwicklungsmöglichkeit der Tabakindustrie. So ist seit 1921 ein großer Aufschwung der Tabakkulturen zu verzeichnen. Nachdem die ersten Versuche geringfügig blieben, wohl aus mangelnder Praxis, ergab schon die Ernte des Jahres 1922 einen Ertrag von 25—30 000 kg; während die Ernte des Jahres 1923 auf 75 000—100 000 kg geschätzt wird (vgl. Palestinensische Wirtschaftsberichte Nr. 5). Sinngemäße Besteuerung von seiten der Regierung nach bebauter Bodenfläche und nicht nach Gewichtseinheit und gute Qualität der aus Aegypten eingeführten Pflanzen versprechen eine weitere erfolgreiche Entwicklung.

Zum Schluß seien noch einige Bananenfelder erwähnt, die im Jordantal und in Südpalestina ca. 100 Dunam (917 qm = 1 Dunam) einnehmen, doch sind sie von untergeordneter Bedeutung.

c) W i l d w a c h s e n d e N u t z p f l a n z e n.

Als wildwachsende Nutzpflanzen führt Rechlin (S. 88) die Koloquinte an, ferner Salzpflanzen in der Gegend des

Toten Meeres, schließlich noch den Tragantgummi und das Windenharz oder Skamonium.

4. Die Gefahren der Landwirtschaft.

Wenn ich von den Gefahren der Landwirtschaft rede, so sollen hier an dieser Stelle nur die Gefahren Gegenstand der Besprechung sein, die durch die geographische und zoologische Beschaffenheit des Landes bedingt sind. Zwei Gefahren sind es, die man als die elementarsten bezeichnen kann: Der Ausfall der jährlichen Regenmenge, die im Durchschnitt 660 mm beträgt, ist häufig großen Schwankungen unterworfen. Trockene Jahre haben dann eine große Mißernte zur Folge, die den kleinen Bauer, der auf keinerlei Reserven sich stützen kann, völlig zugrunde richtet, ja ihn dem Verhungern nahe bringen können. Hiergegen ist bisher keine Abhilfe möglich gewesen. Besonders von dieser Gefahr betroffen ist der Süden des Landes, wo an sich die Regenmenge geringer ist und oft nur 200 mm erreicht. Nicht davon betroffen sind sämtliche mit künstlicher Bewässerung ausgestatteten Plantagen, wenngleich sich auch bei ihnen in derartigen trockenen Jahren der Wassermangel bemerkbar macht. Daneben ist es die Heuschreckenplage, die das Land binnen kurzer Zeit vollkommen zu verheeren vermag. Während die im Lande vorkommende italienische Heuschrecke nicht zur Katastrophe für die ganze Ernte werden kann, auch ihre Bekämpfung immer erfolgreicher durchgeführt wird, ist es die Sudan-Wanderheuschrecke, die in Abständen von etwa 12 Jahren, zuletzt im Jahre 1915, das Land heimsucht. Rechlin (89) schätzt den angerichteten Schaden auf 100 Millionen Fr. Wo ein solcher Heuschreckenschwarm das Land durchzogen hat, ist alles Grün verschwunden. Sogar die Rinde mancher Bäume wird noch abgenagt, so daß die weißen Stämme weithin sichtbar sind. Ungeklärt ist die Herkunft dieser gewaltigen Schwärme, die von der Wüste her nahen. Ungeklärt ist ihr Verschwinden nach Westen über das Meer. Kein Mittel hat man bis jetzt gefunden, das wirksam diese

Landplage bekämpft. Schrecken und Entsetzen packt die Palestinenser bei der Kunde von ihrem Nahen, ganz mit Recht, denn der Einfall der Heuschrecken ist gleichbedeutend mit der Vernichtung der ganzen Ernte und mit der Vernichtung alles Wohlstandes.

Die Plage der Feldmäuse nahm in den letzten Jahren sehr überhand. Das Getreide, welches von Mai—Juni geerntet wird, liegt dann bis September auf der Tenne. Hier wird es von Feldmäusen, Vögeln und Ameisen sehr reduziert. So wird in der Palestinabeilage der Jüd. Rundschau Nr. 5 1923 gesagt, daß die Plage der Feldmäuse noch immer Gegenstand der Beunruhigung ist, besonders in den Saatfeldern, und daß man mit Gasmaschinen an deren Ausrottung herangehen will. Die Ernte der deutschen Kolonie Wilhelma litt 1923 so stark unter dieser Mäuseplage, daß das Getreide grün gemäht wurde, um wenigstens noch etwas als Viehfutter zu retten.

5. Viehzucht.

Die Schafzucht ist in Palestina als der wichtigste Teil der Viehzucht zu bezeichnen. Der Orientale bestreitet seine Fleischkost in der Hauptsache vom Hammel. Die Schafmilch wird genossen oder als Käse verarbeitet. Mit der Wolle erzielt der Bauer auf dem Markt gute Preise, soweit er sie nicht selbst für seinen eigenen Bedarf konsumiert. Die hauptsächlichste Schafrasse sind die Fettschwanzschafe. Das Fettschwanzschaf ist anspruchslos und wirft einen hohen Nutzen ab, nach Trietsch S. 75, etwa 50%. Man ist in den jüdischen Kolonien bestrebt, das Fettschwanzschaf, welches hinsichtlich seiner Wolle nicht erstklassig ist, durch das Karakulschaf zu ersetzen, welches die bekannten Persianerfelle liefert. In der Zeitschrift Palestina Heft 6—7 1912 tritt Dr. Agr. Pickholz warm für die Einführung des Karakulschafes ein und begründet seine Ansicht mit der größeren Ergiebigkeit hinsichtlich des Fleisches, der Milch und der Wolle. An zweiter Stelle steht die Ziegenzucht. Die Ziegen werden der Milch wegen gehalten, verursachen aber unbeaufsichtigt großen Schaden, indem sie besonders gern die jungen Baumpflanzungen abfressen. Das Rind dient nur als Zugtier. Die vorkommenden Rassen sind nicht vollwertig, auch befindet sich der Rindviehstand im allgemeinen auf geringer Höhe. Nur die deutschen und jüdischen Kolonien machen hierin eine Ausnahme. Die deutschen Kolonien Wilhelma und Sarona bestritten vor dem Krieg den gesamten Milchbedarf Jerusalems.

Rationelle Pferdezucht ist wegen Futtermangels ausgeschlossen, nur bei den Beduinen sieht man zuweilen prächtige Vollblutpferde. Dagegen überwiegen als Zugtiere neben dem Rindvieh die Esel, Maultiere und Kamele. Der Esel ist das Universaltier des armen Fellachen, er dient als Reit-, Last- und Zugtier. Das Maultier hat sich in den Kolonien eingebürgert. Das Kamel, welches die Beduinen züchten, wird von den Einheimischen am höchsten geschätzt. Für ein gutes Kamel werden die höchsten Preise gezahlt. Widerstandsfähig gegen die Hitze, anspruchslos im Futter und Wasser, wird es nicht nur als Last- und Reittier, sondern vor allem auch zum Pflügen, Dreschen und Wasserpumpen verwandt. Seine Milch ist eine Delikatesse für die Araber. Haut und Haare dienen zur Anfertigung von Bekleidung, sein Dünger zur Heizung. Schweine werden nur vereinzelt von der christlichen Bevölkerung gehalten. Die Geflügelzucht ist verbreitet, doch sind die Rassen sehr minderwertig, die Bienenzucht, die von den Arabern sehr primitiv betrieben wird, hat Aussicht auf große Entwicklung, gibt es doch in Palestina 4 Monate hindurch Honiggewinnung. Die herrliche Orangeblüte April—Mai, dann die übrigen Blumen, die Akazien und der Kaktus im Juni und dann im Juli der Thymian. Durchschnittlich werden nach dem amerikanischen Report 50 000 Pfd. im Jahre gewonnen. Das Ergebnis einer Viehzählung für das Jahr 1922/23, veranstaltet von der landwirtschaftlichen Abteilung der Regierung, deren Daten das Palestinahandbuch S. 322 wiedergibt, sei hier angefügt:

Milchkühe	24 681	Pflugochsen	36 034
Kälber	57 785	Pferde	6 548

Maultiere	3 934	Büffel	1 217
Esel	32 689	Kamele	17 926
Schafe	262 080	Schweine	930
Ziegen	482 104		

Abschließend kann man sagen, daß sich die Viehzucht in Palestina auf relativ geringer Höhe befindet. Dies ist nicht nur durch mangelnde Sachkenntnis und durch die Kriegsjahre bedingt. Die Natur des Landes mit der absoluten Futterarmut rückt diesen Zweig der Landwirtschaft in den Hintergrund. Da die Viehzucht mit ihrem Dünger ein notwendiges Korrelat der Landwirtschaft ist, ist es zu verstehen, daß dieser Mangel nachteilig auf die landwirtschaftliche Produktion einwirken muß.

B. a) Forstwirtschaft.

In der vergangenen Zeit waren die Berge Palestinas bewaldet. Uralte mächtige Eichen findet man vereinzelt an alten Grabstätten, wo sie das religiöse Empfinden des Volkes schonte. Jetzt sind die Berge kahl und entblößt von dem Mutterboden. Nur die Föhre und der Johannisbrotbaum fristen zwischen kahlen Felsen ihr kümmerliches Dasein. Regierung und Volk haben aber erkannt, von welch ausschlaggebender Wichtigkeit eine Aufforstung des Landes ist und so arbeitet man an derselben Hand in Hand. Die Aufforstung gibt den Bergen wieder ein natürliches Wasserreservoir und verhindert, daß die gewaltigen Regengüsse in der Regenzeit das kostbare Erdreich mit sich führen und ungenutzt in die Wadis sich ergießen. Die Bepflanzung der Sümpfe schafft aus feuchten Fiebermorästen brauchbares, gesundes Mutterland. Die Bepflanzung der ausgedehnten Sanddünen verhindert deren Weiterwandern in die Küstenzone hinein. Zur Festhaltung des Bodens hat man vorwiegend den Eukalyptusbaum bevorzugt, der in 14 Jahren bis zu 20 m hoch wird. Die Regierung hat sieben Baumschulen errichtet. Weiter entnehme ich dem zionistischen Handbuch (324), daß sie 1922 430 000 Bäume gepflanzt, 63 000 gratis verteilt, 100 000 verkauft hat. Der jüdische

Nationalfonds hat sich gleichfalls sehr um die Aufforstung bemüht. Nach der gleichen Quelle sind von ihm bis Mitte 1921 33 610 Fruchtbäume und 750 027 Nutzbäume gepflanzt worden. Nachdem Jahrhunderte lang Raubbau getrieben wurde, und im Krieg durch den Holzmangel auch das letzte Holz, dessen man habhaft werden konnte, der Axt verfiel, ist es nicht leicht, eine gute Forstwirtschaft einzuführen. Gewaltige Opfer müssen ohne Aussicht einer Verzinsung in den nächsten Jahrzehnten gebracht werden. Um nicht nur öffentliche Körperschaften und das Privatkapital heranzuziehen, hat die Arab Economical Development Society am 1. 2. 1923 einen arabischen Bäumetag veranstaltet (Jüd. Rundschau Palestinabeilage Nr. 4 vom 4. 5.). An diesem Tag soll jeder Palestinenser einen Baum pflanzen. 500 000 Bäume sind nach dem Bericht dieser Gesellschaft bereits angepflanzt, diese Zahl soll im kommenden Jahr auf eine Million erhöht werden. Mindestens 20 Milionen Bäume, davon 10 Milionen Oelbäume müssen nach Ansicht der A. E. D. S. zur Oekonomik des Landes gepflanzt werden.

b) Bergbau.

Der Bergbau ist ein Stiefkind des Landes und wird es wohl auch in absehbarer Zeit bleiben. Kohle und Eisen, die beiden Hauptfaktoren einer industriellen Entwicklung, fehlen ganz. Das Vorkommen von Petroleum wird vermutet, doch ist auch hier die Hoffnung auf Ausbeutung geringer und die Nachricht der Times (Palestina Wirtschaft H. 2. Jg. 2), daß die Standard Oil Company bei Bohrungen in der Nähe von Hebron auf Erdöl gestoßen ist, ist mit großer Vorsicht aufzunehmen. Bausteine sind im ganzen Land reichlich vorhanden, im Innern Kalkstein, im Norden Basalt. Hier sind günstige Faktoren einer Entwicklung gegeben. Da das Land arm an sonstigem Baumaterial ist, werden die Produkte der Steinbrüche ein gutes Absatzgebiet finden. Erdpechvorkommen am Toten Meer und daraus gewonnenes Oel haben keine große Zukunft. Das am Toten Meer gewonnene Salz ist Staatsmonopol. Der Salzgehalt beträgt 26%. Einzig die

Phospatlager bei Es Salt, deren Konzession eine türkisch-italienische Gesellschaft vor dem Kriege inne hatte, haben etwas Aussicht auf Entwicklung.

C. Industrie und Handwerk.

1. Die verschiedenen Industriezweige.

Wie aus den vorhergehenden Kapiteln ersichtlich ist, liegt der Schwerpunkt der Entwicklung des Landes bei der Landwirtschaft. Die industriellen Unternehmungen stehen hinter dieser weit zurück. Nach Fischer, Wirtschaftsgeographie von Syrien S. 68, sind 60—70% der Bevölkerung in der Landwirtschaft tätig, dagegen nur 10—15% in der Industrie und dem Handwerk. Es liegt auf der Hand, daß die industriellen Unternehmungen eines solchen Agrarlandes, bei welchem noch obendrein eine Rohstoffarmut, besonders der elementarsten Rohstoffe, Kohle und Eisen (eine Tonne Kohle kostet ab Hafen etwa 5 ägyptische Pfund, Report on Palestine 1921 S. 39) zu verzeichnen ist, sich auf der Landwirtschaft und ihrer Produktion aufbauen. Wir finden nur kleine Betriebe vor, vorwiegend ohne neuzeitliche Maschinen mit einer zum größten Teil ungelernten Arbeiterschaft. An erster Stelle in dieser Art von Industrie steht die Herstellung von Olivenöl und damit zusammenhängend die Fabrikation von Seife. 400 Olivenpressen mit einer Jahresproduktion von 3600 t Oel werden in dem Bericht des Handels- und Industriedepartements der zionistischen Exekutive als vorhanden angegeben. (Diese wie auch die folgenden Daten sind diesem Bericht, der in der Jüd. Rundschau Nr. 26/27 S. 156 wiedergegeben ist, entnommen.) 50% des Oeles dienten dem Verbrauch, 50% werden zur Herstellung von Seife verwandt. An der Hand der Zehntschätzung wird die Jahresproduktion 1919/20 auf 350 t, 1920/21 auf 6700 t angegeben. Da man sich vielfach unterschätzt hat, auch manche Ländereien nicht erfaßt worden sind, müssen etwa 15% hinzugerechnet werden. Interessant sind die

quantitativen Ergebnisse der Extraktion, die bei Benutzung moderner maschineller Extraktionsmethoden bedeutend verbessert werden könnten. So ergeben nach dem gleichen Bericht 220 Pfd. frischer Oliven 20—31 Pfd. Oel nach der ersten Pressung, 7—13 Pfd. Oel nach der zweiten Pressung, 66—86 Pfd. Wasser, 110 Pfd Rückstände (Dschift; sie ent-
66—86 Pfd. Wasser, 110 Pfd. Rückstände (Dschift; sie ent-
Seife durch einen chemischen Prozeß verwendbar ist). Der nun noch verbleibende Rest dient zur Feuerung. Der größte Teil der Fabrikation wird im Lande selbst verbraucht. Die Seifenfabrikation, die in etwa 50 Fabriken betrieben wird, erreicht eine Gesamtproduktion von ungefähr 2500 t Seife. Soda, Karbonat, ja auch Olivenöl werden zur Ergänzung der lokalen Produktion eingeführt. Gerade diese Industrie, die sich zum größten Teil primitiver Maschinen bedient, kann durch moderne Maschinen bedeutend gehoben werden. In der Zwischenzeit ist eine moderne Oel- und Seifenfabrik in Haifa eröffnet worden. Die Herstellung von Wein und Spirituosen ist gegenüber der Vorkriegszeit gesunken. Nicht nur die während des Krieges erfolgte Vernachlässigung der Weingärten, sondern auch die veränderte Lage am Absatzmarkt wirken mit auf ihre Herstellung ein. Der russische Markt ist verlorengegangen, der amerikanische infolge der Prohibition auf ein Minimum gesunken (bis auf Weine zu kirchlichen Zwecken). Italien und Frankreich decken ihren Konsum durch eigene Produktion. So sehen sich die Weinbauern gezwungen, nach neuen Märkten Ausschau zu halten, wie nach Indien, Argentinien, Australien und dem fernen Osten. Die Produktion der letzten Jahre setzt sich nach dem gleichen Bericht wie folgt zusammen:

	1917/18	1919/20	1920/21
Herbe Weine	4 633 257 kg	2 172 753 kg	1 784 925 kg
Süße Weine	437 298	519 247	796 650
Arrak	65 197	15 392	20 445
Alkohol	863	38 049	89 018

Verhältnismäßig verbreitet ist die Mühlenindustrie. Es gibt etwa 265 Getreidemühlen, von denen 135 einfachster

Konstruktion mit Wasser, die übrigen teils mit Dampf, teils mit Oelmotoren betrieben werden. Die Ergebnisse der Ausmahlung des besten Weizens setzen sich wie folgt zusammen: beste Qualität 80%, zweite Qualität 50%, Kleie 12%, Verlust 3%. Da das einheimische Mehl schwarzes Brot ergibt, wird australisches, weißes Mehl, welches importiert wird, dazugemischt. Unter den Mühlen befindet sich ein einziger Großbetrieb, mit einem investierten Kapital von 100 000 engl. Pfd., zwanzig Arbeitern und einer Mindestproduktion von 12 500 t. Neuerdings ist auch eine weitere große Mühle in Haifa in Betrieb genommen worden. Im Heft II Jahrgang 2 S. 7 der Palestinawirtschaft wird die Mühlenindustrie an der Hand einer allerdings unvollständigen Statistik wie folgt dargestellt:

Zahl der Mühlen	265
Investiertes Kapital	350 000 engl. Pfd.
Zahl der Arbeitskräfte	700
Jährliche Löhne	10 000 engl. Pfd.
Jahresproduktion	84 000 t

Zwölf Mühlen haben im Jahre 1921 ihren Betrieb eingestellt. Der Director of Agriculture schiebt in seiner Review die Schuld auf den starken Weizenmehlimport im Jahre 1921. Erwähnt seien hier noch die Sesammühlen und -pressen. Die Jahresproduktion belief sich im Jahre 1920/21 auf 2500 t. Die Mühlen werden zum größten Teil von Kamelen und Maultieren betrieben. Nur ein Teil der Produktion wird im Lande zu Oel verarbeitet.

Einen bedeutenden Aufschwung hat die Tabakindustrie genommen. Grund hierfür ist die Aufhebung des türkischen Monopols im Jahre 1921. Die ottomanische Regie hat in Jerusalem eine Fabrik mit 230 Arbeitern und einer Jahresproduktion von ungefähr 360 t. Weiter haben die Firmen Maspero Frères aus Aegypten und Baddour Jerusalem Fabriken in Jerusalem und Haifa errichtet. Da die Tabakindustrie günstige Aussichten bietet, werden weitere Unternehmungen folgen, besonders, da die Regierung die Abgaben für heimischen Tabak erniedrigt hat.

Obgleich die Regierung 20% Abgabe der ottomanischen Staatsschuldenverwaltung vom Wert aller Fischverkäufe hat fallen lassen, hat sich die Fischerei, die günstige Aussichten bietet, bis jetzt nicht besonders entwickelt. Die Gründe hierfür liegen in dem Mangel an günstigen Häfen, und dem Vorherrschen der Westwinde und Strömungen. Der Fischfang in Palestina betrug im Jahre 1921 etwa 250 t im Werte von ungefähr 18 000 Pfd. (Palestinawirtschaft Heft 9/10 Nov. 1923 S. 1.)

Die Balfour-Erklärung, die den Zionisten ein nationales Heim in Palestina schuf, hatte zur Folge, daß die Zionisten, ein freies Betätigungsfeld vor sich, daran gingen, das Land mit Kapital, Arbeitskräften und Aufbauplänen zu kolonisieren. Die erste Folge davon war die rasche Entwicklung von zahlreichen Bauunternehmen. Obwohl die hohen Baumaterial- und Arbeitskosten sie erschwerten, setzten sie sich doch durch. Die zionistische Haupttätigkeit konzentrierte sich auf Haifa, Jaffa, Tel Awiw und Jerusalem. Bausteine sind, wie ich früher ausgeführt habe, reichlich vorhanden. Eine Fabrik für Kalksandsteinziegel und Asbestziegel ist in Jaffa errichtet worden. Des weiteren ist eine Portland-Zementfabrik bei Haifa gegründet worden, deren Jahresproduktion auf 30 000 t geschätzt wird. In der Jüd. Rundschau Nr. 26/27 S. 157 werden folgende Baugesellschaften aufgeführt:

The Anglo Palestine Building Co Ltd. (Haboneh),
The Jerusalem Tile und Brick Manufacturing Co,
The Palestine Stone Quarries Syndikate,
The Kodem Building Comp. Ltd. Jaffa,
The Building Construction Company,
The Brick & Tile Silicate Factory Tel Awiw Jaffa.

Hand in Hand damit geht ein Aufblühen der Bau- und Möbeltischlerei. Der Hauptsitz dieser Industrie ist Jaffa. Das hierzu nötige Holz wird eingeführt. Auch sind von einigen Firmen moderne Holzbearbeitungsmaschinen in Jerusalem und Haifa eingeführt worden.

Neben diesen mit der jüdischen Kolonisation verknüpften Industrien gibt es noch eine Reihe anderer Industrien, die zwar keine große Bedeutung haben, die ich aber mit anführen will. Zwei größere Webereien bestehen in Jerusalem. In Jaffa und Jerusalem sind je eine Zuckerfabrik errichtet, ebenso eine Schokoladenfabrik. Wie wir aus diesen Ausführungen ersehen, ist die palestinensische Industrie mitten im Aufbau begriffen. Ihre Produktion ist in den meisten Fällen auf den Inlandskonsum eingestellt, zum Teil muß sie sich die ausländischen Märkte erst erobern oder wieder neu erobern, zum Teil ist sie im Ausland gar nicht konkurrenzfähig. Auf die Untersuchung dieser Fragen gehe ich im Kapitel IV dieser Abhandlung ein, nachdem zuvor Handel und Mobilisierung der Güterwelt behandelt sind. Ich kann aber das Kapitel Industrie nicht schließen, ohne ein wichtiges, ja vielleicht entscheidendes Projekt, das der Verwirklichung entgegenzugehen scheint, gewürdigt zu haben. Es ist dies die Elektrisierung Palestinas, wie sie in dem bekannten Rutenberg-Projekt zum Ausdruck kommt. Das Rutenberg-Projekt bezweckt die Ausnützung der Wasserkräfte Palestinas zur Gewinnung elektrischen Stromes zur Versorgung des ganzen Landes mit Licht und Kraft. In seiner Ausgestaltung kann man es mit den neuesten deutschen Großkraftanlagen vergleichen. An die günstige Lage der Wasserkräfte gebundene Großkraftwerke, unter sich durch eine Ringleitung verbunden, spannen ihr Netz über das ganze Land aus und sind in der Lage, auch bei Ausfall eines derselben die Stromversorgung aufrecht zu erhalten. Es zerfällt in drei Einzelprojekte. Das Audjaprojekt, das Jordanprojekt und das Hulehprojekt.

Das Kapital zum Audjaprojekt ist vorhanden. Das Werk in Tel Awiw errichtet, versorgt Jaffa und die jüdischen Kolonien mit Strom und Kraft. Zwei deutsche 600 PS-Dieselmaschinen dienen als Hilfsaggregate. Nach völliger Fertigstellung wird das Netz mit dem durch Stauung des Audjaflusses gewonnenen Strom gespeist. Das größte Projekt ist das Jordanprojekt. Es soll imstande sein, 100

Millionen Kilowattstunden jährlich zu liefern (amerik. Bericht). 2 Millionen Pfund sind bisher angelegt. Die Kraftstation soll an der Mündung des Jamukflusses in den Jordan entstehen. Gleichzeitig dient dieses Werk, welches den See Tiberias als natürliches Staubecken benutzt, zur Wasserregulierung des Jordans. Ein Bewässerungskanal längs des Jordans soll dieses überaus fruchtbare Tal der Kultivierung erschließen.

Als drittes Projekt besteht das Hulehprojekt. Es entwässert die Hulehsümpfe und erschließt damit ca. 50 000 Acker (amerikanischer Bericht) der Kultivierung. Zu diesen Projekten ist zu bemerken, daß sie die gesamte Wirtschaft Palestinas enscheidend beeinflussen würden. Das fruchtbare Jordantal und die Hulehsümpfe würden der Landwirtschaft erschlossen. Das Land erhielt als Ersatz für die fehlende Kohle eine Kraftquelle, die mit einem Schlage der industriellen Entwicklung des Landes eine Wendung geben würde. Statt des teuren Rohöls, welches überall neben Dampf als Antriebskraft für Unternehmungen, für Pumpstationen usw. verwendet wird, tritt dann der billige elektrische Strom der Jordanwerke. Stellt man sich vor, daß diese Großkraftstationen, durch eine Ringleitung verbunden, ein von Störungen unabhängiges, dauerndes Kraftreservoir bilden, welches nach der Palestinawirtschaft Nr. 9/10 S. 6 sogar 200 Millionen Kilowattstunden in sich faßt, so ergibt sich eine bis auf weiteres unbegrenzte Kraftversorgung des ganzen Landes. Die Gefahren dieses gewaltigen Unternehmens liegen in der Schwierigkeit, die gewaltigen Kapitalien, die ein solches Unternehmen erfordert, aufzubringen. Außerdem ist die Gefahr vorhanden, daß bei der gering entwickelten Industrie und der geringen Verbraucherzahl die Zahl der Teilnehmer überhaupt zu gering ist, um eine Amortisation des gewaltigen investierten Kapitals zu gewährleisten. Diese letztere Gefahr sucht man durch Elektrisierung der Eisenbahnen abzuwehren. So ist die Elektrisierung der Eisenbahnstrecke Jaffa—Jerusalem durch einen Vorkontrakt auf Stromlieferung mit dem englischen

Kolonialamt gesichert. (Palestinawirtschaft 9/10 S. 6.) Rechnet man hinzu, daß die Strecke Haifa—Samach elektrisiert werden wird, so würden nach dem amerikanischen Bericht immer nur 10 Millionen Kilowatt herauskommen, von denen nicht gesagt ist, daß sie eine genügende Unterstützung der Amortisation dieser Werke bedeuten. Es steht aber auch nicht fest, ob die Regierung diese Ausgaben für die Eisenbahn auf die Dauer wird bestreiten können. Besonders das Hulehseeprojekt scheint mit den meisten Schwierigkeiten kämpfen zu müssen. Hier stößt die Kapitalbeschaffung wegen mangelndem Vertrauen auf die Rentabilität auf Schwierigkeiten. Die geringe Bevölkerung und die wenig ausgebaute Industrie des nördlichen Palestinateils, die geringen Bodenschätze, vielleicht auch politische Schwierigkeiten werden als Ursachen hierfür angegeben.

2. Die Arbeitsverhältnisse.

Man muß in Palestina zwei verschiedene Kategorien von Arbeitern unterscheiden, die arabische und die jüdische Arbeiterschaft. Die letzteren haben sich in zunehmendem Maße organisiert, haben achtstündige Arbeitszeit und im allgemeinen eine tarifliche Regelung des Lohnes erlangt. Ihre Zahl beläuft sich nach der Jüdischen Rundschau Nr. 19 S. 11 auf etwa 16 554. Die Löhne betragen nach der gleichen Quelle in der Mehrzahl 3—5 ägypt. Pfund im Monat. Eine neuere eingehende Untersuchung (Jüd. Rundschau Nr. 30/31 S. 223) ergibt einen Monatsverdienst von weniger als 3 Pfund bei 44% der Arbeiter und nur 14% der Arbeiter verdienten mehr als 5 Pfund. Bringe ich den Lohn in ein Verhältnis zum Lebensmittelindex, so ergibt sich folgendes Bild. Der Index des Jahres 1923 betrug im Durchschnitt 76,6, ausgehend von einer Basis vom Januar 1922, die gleich hundert gesetzt ist. Es entspricht diese Ziffer einer Summe von 653 Piaster. (Commercial Bulletin S. 209. 21. 4. 1924.) Diese Summe ist errechnet als monatliches Existenzminimum für eine fünfköpfige arabische Familie unter Zugrundelegung von 20 Einheiten. Es ergibt sich also, daß 86% der Arbeiter hinter diesem Minimum von 6½ Pfd. zurückbleiben. Diese sich hieraus ergebende Tatsache fordert geradezu die Frage heraus, wie es möglich ist, daß die jüdische Arbeiterschaft unter solchen Bedingungen arbeiten konnte. Hierzu ist folgendes auszuführen: 1. Die errechnete Summe hat zur Unterlage eine fünfköpfige arabische Familie. Dieser Umstand dürfte aber zum größten Teil aufgewogen werden durch die völlige Anspruchslosigkeit des Fellachen gegenüber den weit höheren europäischen materiellen und geistigen Ansprüchen des jüdischen Arbeiters. Der Kern liegt nicht hier, sondern bei der auf genossenschaftlicher Grundlage völlig durchorganisierten Arbeiterschaft. Die Organisation der jüdischen Arbeiter gliedert sich in folgender Weise: An der Spitze steht die Gesellschaft der jüdischen Arbeitenden in Erez-Israel. Sie umfaßt die Gesamtheit der Arbeiterkorporation, ist die Interessenvertreterin nach außen, Besitzerin der Gründungsaktien der Arbeiterbank und der anderen Tochtergesellschaften. Ihr liegt die Festsetzung der Löhne und der Produktionspreise ob; sie betrachtet die wirtschaftliche Selbständigmachung der Arbeiter als ihr Ziel. Unter und neben dieser Gesellschaft bestehen kleinere Gesellschaften mit politischer (Orthodoxe Marxistengruppe und kommunistische Gruppe, Gruppe des sozialen Zionismus) oder wirtschaftlicher Tendenz (Arbeiter- und Handwerkervereinigung). Weiter wurde ein Palestina-Arbeiterfonds begründet. Seine Tätigkeit erstreckt sich auf Arbeitsvermittlung, gegenseitige Unterstützung und Bildung von landwirtschaftlichen Genossenschaften. Daneben steht die jüdische Arbeiterbank, die diesen Institutionen durch Kreditgewährung, zur Seite steht. Ihr Nominalkapital beträgt 60 000 engl. Pfund. So schuf kooperativer Zusammenschluß die Möglichkeit einer Kreditgewährung, sowie Pacht- und Okkupationsgesellschaften. Diese machten den Arbeiter zum seßhaften Siedler. Sie ermöglichten gemeinsames Essen und Deckung des Konsums aus Konsumgenossenschaften. Zuschüsse der Zionisten aus aller Welt und zuletzt, aber deswegen nicht weniger wichtig, der Einsatz der Persönlichkeiten für die Idee überwanden im Hinblick auf ihre Ziele alle Hemmnisse und drückenden äußeren Bedingungen. Man konnte hier beobachten, zu welchen Opfern und zu welchem engen Zusammenschluß ein gemeinsames Ziel die Masse zusammenschweißt, daß sie ungeachtet der weit unter dem früheren Verdienst liegenden Löhne, trotz der Ungunst der klimatischen, hygienischen und wirtschaftlichen Verhältnisse diese Lage auch auf sich nimmt. Ob dieser Zustand ein andauernder ist oder ob nicht auch hier eine rückläufige Bewegung einsetzt, soll in dem Kapitel über den Zionismus untersucht werden. Eine arabische Arbeiterfrage kann man als nicht vorhanden bezeichnen. Für den Araber ist die Arbeit eine Art Nebenverdienst, die er neben seiner primitiven Parzellenwirtschaft betreibt. Seine völlige Anspruchs- und Bedürfnislosigkeit, die sich oft mit einem Naturallohn, der in keiner Weise der geleisteten Arbeit entspricht, begnügt, seine Akklimatisation an das Klima und das schwere Arbeiten in demselben, stempeln seine Arbeitskraft zu einer solchen, die wir nicht in die uns bekannten Arbeiterkategorien einreihen können und mit der der jüdische Arbeiter nie wird konkurrieren können. Die Anzeichen deuten aber darauf hin, daß sich mit der wachsenden Zahl arabischer Arbeiter, die durch die von ihrem Besitz Expropriierten bedingt ist, und durch ihre zunehmende Verwendung bei den jüdischen Plantagenbesitzern (Tabak), eine arabische Arbeiterfrage und Arbeiterbewegung bildet, deren Bedeutung dann keineswegs zu unterschätzen ist. Allerdings muß ich hier bemerken, daß der Araber nach meiner Ansicht vorwiegend für Farm- und Plantagenbetriebe geeignet ist, nicht für industrielle, denn ich mußte am eigenen Leibe erfahren, daß der Araber so gut wie kein technisches Verständnis hat.

3. Das Handwerk.

Wie überall im Orient steht das Handwerk gegenüber der Industrie im Vordergrund. In den Basaren klingt dem Besucher schon von weitem das Klopfen und Hämmern der Handwerker entgegen. Vor aller Augen geht der Handwerker hier seinem Gewerbe nach. Wenngleich wir keine Zunft oder ihr ähnliche Organisationen vorfinden, so scheint doch das Handwerk in den einzelnen besonderen Bevölkerungskreisen zu wurzeln. Zum Handwerk rechne ich die in Palestina betriebenen Gerbereien. Sie stellen mit Handbetrieb Leder mittlerer Qualität her. Die Zahl der gut gegerbten Häute im Jahre erreicht etwa 5000 (Jüd. Rundschau Nr. 26/27 S. 157). Die Städte Gaza und Hebron sind bekannt durch die Verarbeitung von Schaf- und Ziegenfellen, aus denen die Wintermäntel der Bauern und Beduinen gefertigt werden, die sich großer Beliebtheit erfreuen. Sattlerei und Schuhmacherei standen von jeher in großem Ansehen und sind in fast jedem Ort anzutreffen. Die Schuhmacherei hat aber im zunehmenden Maße unter dem Import fertiger Schuhwaren zu leiden. Die Weberei ist aus dem gleichen Grund der Auslandskonkurrenz immer mehr im Rückgang begriffen. Man hat im Jahre 1923 (Jüd. Rundschau) nur noch 800 Webstühle gezählt.

In eisernen Topfwaren findet eine starke Einfuhr statt. Da diese aber in ihren Eigenschaften den klimatischen Bedingungen nicht so gerecht werden wie die Tontopfwaren, hat sich ein gutgehendes Töpferhandwerk trotzdem erhalten. Auch das syrische Waisenhaus (Leiter Dr. Schneller) beutet ein großes Tonlager bei Jerusalem aus.

Ferner sind noch Schneider, Schmiede, Klempner zu nennen, die den lokalen Bedarf decken und oft recht geschickt sind. Die Klempner haben es verstanden, sich aus den zahlreichen Petroleumtins, die von Amerika kommen, ein brauchbares Rohmaterial zu schaffen. Es sei hier darauf hingewiesen, daß das syrische Waisenhaus mit seinen

Handwerkerschulen viel dazu beiträgt, die Bevölkerung mit den modernen Arbeitsweisen des Handwerks vertraut zu machen.

Auch ein primitiver Bootsbau hat sich im Lande erhalten. 1920/21 betrug die Gesamterzeugung einen Tonnengehalt von 300 t. Zu den Spezialhandwerken rechne ich all die Handwerke, welche sich mit der Herstellung von kunstgewerblichen und religiösen Artikeln beschäftigen. Diese Handwerke sind nicht unerheblich gewesen und sie bildeten vor dem Krieg einen ansehnlichen Teil der Einnahmen des Landes. Da die Touristik und die Wallfahrten, bedingt durch die allen Religionen heiligen Stätten, mit zunehmender Sicherheit bald die alte Höhe vor dem Krieg erreichen werden (vor dem Krieg belief sich die Zahl der Pilger auf 20 000 und die der Touristen von Juni 1913 bis Mai 1914 auf 6569), so ist bei diesen Handwerken ein neues Aufblühen wahrscheinlich. Die Herstellung von Andenken aus Perlmutter, Olivenholz usw. ist ein Zweig dieses weitverbreiteten Kleinhandwerks.

D. Handel.

1. und 2. Die Einfuhr und Ausfuhr.

Folgende Tabelle gibt die amtlichen bis jetzt feststehenden Ziffern des Außenhandels Palestinas für die Jahre 1919—1922 wieder (Report on Palestine Administration 1922):

	Einfuhr	Ausfuhr	Gesamtsumme
bis 31. Dezember 1919	3 126 464	853 141	3 979 605 e. Pfd.
bis 31. Dezember 1920	5 409 987	1 318 620	6 728 607 e. Pfd.
bis 31. Dezember 1921	5 871 878	1 416 368	7 288 246 e. Pfd.
bis 31. Dezember 1922	5 581 132	1 353 368	6 934 500 e. Pfd

Anschließend sei noch die Beteiligungsquote der einzelnen Länder an dieser Einfuhr gegeben.

Einfuhr

	1920		1921		1922	
	engl. Pfd	%	engl. Pfd.	%	engl Pfd	%
Großbritannien . .	1 513 017	28	1 885 406	32	1 550 502	28
Australien	271 755	5	64 433	1	124 977	2
Oesterreich	—	—	81 715	1	104 626	2
Belgien	—	—	73 701	1	117 109	2
Britisch-Indien und Burmah . .	402 093	7	297 226	5	153 177	3
Aegypten u.Sudan	730 783	14	731 879	13	564 247	11
Frankreich	229 908	4	209 684	4	275 424	5
Deutschland . . .	—	—	**264 889**	**5**	**661 616**	**12**
Holland	308 260	6	243 763	4	68 030	1
Italien	207 139	4	221 826	4	248 168	4
Syrien	324 145	6	250 074	4	362 073	6
Türkei (m. Smyrna u. ander. Ländern)	—	—	—	—	164 775	3
Vereinigt. Staaten	372 474	7	431 879	7	507 451	9
Andere Länder .	1 055 413	19	1 125 403	19	679 057	12
Gesamtsumme . .	5 409 987	100	5 871 878	100	5 581 132	100

Ueber die Art und die Mengen der einzelnen Einfuhrgüter gibt folgende Tabelle Aufschluß:

Einfuhrgüter		bis Dez. 1923	bis Dez. 1922
Baumwollstoffe	Meter	18 457 972	11 852 598
Oele (Petroleum)	Tins	672 826	1 058 437
Tiere	Stück	25 508	46 071
Zement	Tonnen	15 782	31 876
Reis	"	11 642	8 437
Zucker	"	9 598	8 583
Mehl	"	7 668	8 909
Salz	"	3 628	5 143
Kartoffeln	"	3 101	3 918
Kaffee	"	782	783
Erdnüsse	"	820	584
Tabak	"	476	425

Werte ich diese Ergebnisse, zuerst nur die Einfuhr allein aus den statistischen Angaben der letzten Jahre aus, so ergeben sich bemerkenswerte Resultate. Zuerst ist festzustellen, daß die Einfuhr anfangs eine schroffe, dann eine allmählich steigende Tendenz hat, um dann im Jahre 1922 etwas zu fallen. Wie die monatlichen Statistiken des Jahres 1923 ergeben, scheint diese langsam fallende Tendenz auch weiter anzudauern. Die Gründe hierfür sind darin zu suchen, daß der während des Krieges entstandene Mangel an Konsumtionsgütern jetzt ausgeglichen ist und der Markt einen gewissen Grad der Sättigung erreicht hat. Dies gilt insbesondere für die Abnahme der Baumwollwaren. Außerdem beginnt die sich entwickelnde Industrie und Agrarwirtschaft die Produktion der eingeführten Güter zu übernehmen. Dies gilt vorwiegend für Tabak. Die wachsende Bautätigkeit ist aus dem steigenden Zementkonsum zu erkennen, der 1922 über das Doppelte von 1921 beträgt. Der stark anwachsende Oelverbrauch beweist die Zunahme der industriellen Kraftmaschinen und der Kraftfahrzeuge. Auf die eigenartige Tatsache, daß in einem Land mit Getreideausfuhr Mehl eingeführt wird, komme ich bei Besprechung des Exportes zurück. Eine für uns Deutsche bemerkenswerte und erfreuliche Tatsache führt die zweite Tabelle vor Augen. Wir ersehen aus ihr, daß Deutschland im Jahre 1920 als Importland noch gänzlich ausgeschlossen, im Jahre 1921 schon an fünfter Stelle steht, und im Jahre 1922 an die zweite Stelle aufrückt.

Dieser Erfolg ist nicht zum mindesten zurückzuführen auf das Ansehen und Vertrauen, welches sich der deutsche Kaufmann in der Vorkriegszeit erworben hat. Mir selbst ist ein deutscher Palestinenser bekannt, welchem noch heute die Scheichs schreiben, seinen Rat einholen und nur durch ihn ihre Bestellungen und Aufträge aufgeben. Betrachten wir nun die Ausfuhr, um dann Einfuhr und Ausfuhr miteinander zu vergleichen.

Ausfuhr

	1920		1921		1922	
	engl. Pfd.	%	engl. Pfd.	%	engl Pfd.	%
Großbritannien . .	981 883	7	123 775	9	234 509	18
Aegypten u. Sudan	589 726	45	556 850	39	472 425	34
Frankreich	20 664	2	21 687	2	40 418	3
Syrien	464 626	35	612 456	43	300 384	23
Ver. Staaten . . .	10 372	1	10 334	1	223 609	16
Andere Länder .	134 349	10	91 266	6	82 023	6
Gesamtsumme . .	1 318 620	100	1 416 368	100	1 353 368	100

Die Art und Anzahl der hauptsächlichsten Ausfuhrgüter:

Ausfuhrgüter		Ende Dez. 1921	Ende Dez. 1922
Wein	Liter	1 947 975	2 704 651
Orangen	Kisten	983 392	1 238 899
Gerste	Tonnen	18 482	7 133
Weizen	"	6 691	5 788
Durra	"	2 387	4 182
Seife	"	3 597	3 077
Bohnen	"	976	3 044
Linsen	"	3 247	4 778
Sesam	"	511	1 476
Mandeln	"	466	640

Die Hauptabnehmer palästinensischer Produkte sind die Nachbarländer Aegypten und Syrien. Sie sind es, die den Hauptkonsum an Gemüsen, Melonen, Seife usw. aufnehmen, während der größte Teil der Orangenernte nach Liverpool verschifft wird. Bei Betrachtung der einzelnen Ausfuhrgüter können wir, außer bei Weizen und Gerste, ein Steigen der Ausfuhrmenge feststellen. Der Grund ist in der besseren Ernte zu suchen. Die Ausfuhr von Weizen und Gerste hängt nicht von diesem Faktor ab. Sie richtet sich nach den auf dem Markt gezahlten Preisen für Braugerste und Makkaroniweizen. Wie ich schon in dem Kapitel „Saatgetreide" dargelegt habe, machen die besonderen Eigenschaften des palestinensischen Weizens denselben für die Brotzubereitung ungeeignet. Er eignet sich aber sehr gut zur Makkaroni- und Grießfabrikation, zu welchem Zwecke er vorwiegend nach Italien ausgeführt wird. Hier sehen wir auch den Grund, weswegen wir sowohl eine Einfuhr von Weizenmehl, als auch eine Ausfuhr von Weizen zu verzeichnen haben. Der eingeführte Weizen wird zur Vermengung mit einheimischem Mehl vermahlen, um brauchbares Brot herstellen zu können.

3. Gegenüberstellung.

Nimmt man an Hand der angeführten statistischen Angaben einen Jahresdurchschnitt der Einfuhr von 5 Millionen Sterling und einen solchen der Ausfuhr mit 1 Million Sterling an, so ergibt sich eine Passivität der Handelsbilanz, die geradezu katastrophal erscheint. Beim näheren Zusehen verliert diese so gewaltige Differenz an ihrer Bedeutung. Man fragt sich, auf welche Weise ist denn diese seit Kriegsende bis jetzt sich auf 16 Millionen belaufende Summe der passiven Handelsbilanz aufgebracht worden? Da erkennen wir drei Quellen, aus denen das Geld nach Palestina strömt, ohne von der Handelsbilanz erfaßt zu werden. Das gesamte Budget der Besatzungsarmee wird von England bezahlt. Nach Angaben von Weisl-Jerusalem ist es von 4 Millionen jährlich allmählich auf 2 Millionen gesunken (Plutus Heft 5 21. Jg. S. 72). 2. sind die Investierungen der zionistischen Organisationen, die nach der gleichen Quelle jährlich ca. 1 Million betragen, nicht hinzugerechnet. 3. sind die Summen, die dauernd aus religiösen Stiftungen aller Länder und aller Religionen in das Land fließen und die von Weisl auf ½ Million geschätzt werden, gleichfalls hinzuzurechnen. Trotz alledem bleibt die Lage äußerst ernst, besonders da England, wie aus verschiedenen Anfragen im englischen Parlament hervorgeht, keineswegs gewillt zu sein scheint, so tief in den Geldbeutel zu greifen. Eine Besprechung der Mittel und Wege dieses Problems behalte ich mir für Kapitel IV vor.

4. Der Transitverkehr.

Den Transitverkehr genau und zuverlässig statistisch zu erfassen, ist zur Zeit noch nicht möglich. Wohl kann man alles, was via Schiff oder Eisenbahn befördert wird, zur statistischen Untersuchung heranziehen, aber unmöglich ist es, die Karawanen, deren Zahl sowohl nach Syrien als auch nach dem Transjordanland beträchtlich ist, zu erfassen. Infolgedessen entbehrt die hier wiedergegebene Statistik der Genauigkeit; die wiedergegebenen Zahlen werden sich in Wirklichkeit etwas höher stellen.

Tabelle der Waren, die im Transitverkehr durch palestinensische Häfen nach Syrien eingeführt wurden und umgekehrt:

Einfuhr:

1. April 1920 bis 31. März 1921

Güterart	Menge	Wert in e. Pfd.
Baumwollwaren . . . . Meter	1 516 484	101 993
Tombak . . . . Kilogramm	156 040	24 995

Ausfuhr:

1. April 1920 bis 31. März 1921

Güterart	Menge	Wert in e. Pfd
Weizen . . . . Tonnen	1 791	64 535
Gerste . . . . „	2 116	33 295

Den Transitverkehr zwischen Damaskus und der palestinensischen Hafenstadt Haifa ergibt folgende Tabelle:

Einfuhr:

1. April 1920 bis 31. März 1921

Güterart	Menge	Wert in e. Pfd.
Zucker . . . . Tonnen	2 140	161 667
Reis . . . . „	2 535	81 839
Baumwollwaren . . . . Meter	1 155 418	76 382
Baumwollgarn	—	67 794

Ausfuhr:
1. April 1920 bis 31. März 1921

Güterart		Menge	Wert in e. Pfd.
Aprikosen	Tonnen	673	29 568
getrocknete Früchte	„	44	3 425

Der Transitverkehr, der noch keinen großen Umfang angenommen hat, wird in zunehmendem Maße wachsen, besonders, wenn sich die Pläne der Engländer betreffs einer Verbindung Haifa—Mesopotamien verwirklichen.

5. Der Binnenhandel.

Der Binnenhandel wird von kleinen Kaufleuten und Kommissionären mit wenig oder gar keinem Barkapital und Kredit ausgeübt. Wie ich ausgeführt habe, deckt der an Zahl überwiegende Fellache seinen Bedarf in seiner eigenen Hauswirtschaft. Nur in Städten und besonders in denjenigen, die vom Touristenverkehr berührt werden, finden wir Handel in der geschilderten Weise. Ich teile den Handel in zwei Kategorien ein. Die eine ist die der Kaufleute, die als Tätigkeit die Weiterleitung der Ware vom Importeur zum Verbraucher haben, der andere Teil kauft die ländlichen Produkte, um sie in der Stadt oder für den Export weiterzuleiten.

III. Kapitel: Die Mobilisierung der Güterwelt.

A. Marktbildung und Marktausdehnung.

1. Lage und Größe der Städte.

Die Hauptstadt des Landes ist Jerusalem. Ihre Bedeutung genießt sie als Regierungssitz, Sitz der Konsulate fast aller Länder, Sitz des Patriarchen und der obersten Regierungsbehörden. Sie ist durch tägliche Post und Bahn mit Aegypten verbunden. Zu ihr führen gut erhaltene Autostraßen. Die Einwohnerzahl beträgt 80 000. Als Standort für Industrie oder Handel kommt sie wegen ihrer unvorteilhaften Lage, hoch oben im Gebirge und abseits vom Meer und den Hauptverkehrslinien, nicht in Frage, vielmehr sind es die heiligen Stätten, die ihre Hauptanziehungskraft ausmachen. Pilgerkarawanen und ein wachsender Touristenverkehr bilden die Haupteinnahmequelle dieser Stadt. Als Wohnort vieler religiöser Gemeinschaften ist sie Nutznießerin an den Wohlfahrts- und Bildungsanstalten dieser Gemeinschaften.

40 km nördlich von Jerusalem liegt die Stadt Nablus. Sie ist durch eine Schmalspurbahn mit Haifa und Tulkerim verbunden. Die Einwohnerzahl beträgt 20 000. Nablus ist das Hauptzentrum der Seifen- und Olivenindustrie. Etwa 30 kleine Fabriken mit einer Fabrikation von 4000 t Olivenölseife finden wir vor. Seine Lage zwischen Haifa und Jaffa einerseits und zwischen dem Mittelmeer und dem Ostjordanland andererseits wird seine Bedeutung als Handelszentrum für den Transitverkehr, sowie als Industriestadt für den lokalen Bedarf im wachsenden Maße heben.

H e b r o n, südlich von Jerusalem, gleichfalls im judäischen Gebirgsland, hat mit einer Einwohnerschaft von ca. 10 000 nur Bedeutung als Handelspunkt für den Verkehr mit Beduinen. Eine geringfügige Glasfabrikation, die vollkommen darniederliegt, könnte erst durch ausländische Kapitalunterstützung eine Entwicklung erfahren.

Das aus dem Altertum als blühend bekannte J e r i c h o ist jetzt zum Dorf herabgesunken. Es hat nur Bedeutung für den Touristenverkehr. Einer gedeihlichen Entwicklung dieses Fleckens stehen schwere klimatische Hindernisse entgegen. Lastet doch im Jordantal am Nordende des Toten Meeres eine Temperatur von durchschnittlich 24° C.

N a z a r e t h ist als Landstadt zu bezeichnen, nach Ruppin S. 38 besitzt sie ca. 15 000 Einwohner. Touristenverkehr, Spitzen-, Stickerei- und sonstige Andenkenindustrie sind zu erwähnen.

S a f e d und T i b e r i a s sind als Landstädte zu bezeichnen. Sie liegen an der Hauptstraße nach Damaskus, sind jedoch ohne Eisenbahnverbindung. In ihrer Umgebung befinden sich jüdische Niederlassungen.

A k k o gegenüber von Haifa, als Kreuzfahrerfeste ehemals bedeutend, nimmt jetzt keine hervorragende Stellung mehr ein. Eine Eisenbahn stellt die Verbindung mit Haifa her. Jedoch wird diese Stadt an der wachsenden Bedeutung von Haifa zweifellos regen Anteil haben. Ein sich erst in neuerer Zeit immer mehr entwickelndes Städtchen ist Tulkerim, hauptsächlich wegen seiner Melonenausfuhr.

Die Stadt G a z a an der Küste im Süden des Landes ist der Hauptausfuhrort für Braugerste nach England (via Jaffa). Sie hat keinen Hafen und, bis auf einige hundert primitive Webstühle zur Herstellung groben Tuches für Beduinenmäntel, keine Industrie. Die Einwohnerzahl der Ortschaft, die auch im Krieg schwer durch Beschießung zu leiden hatte, wird stark herabgesunken sein; ich habe keine näheren Angaben gefunden. Zahllose Fellachendörfer sind über das Land verbreitet, zahlreiche jüdische und einige deutsche Kolonien.

2. Die Häfen.

Jaffa, etwas nördlich des 32. Breitengrades an der Westküste Palästinas ist vorläufig der Haupthafen für Import und Export ohne eigentlichen Hafen. Die Jaffa vorgelagerten Riffe zwingen die Schiffe eine Seemeile vom Ufer zu ankern und Ausbooten und Löschen der Ladung durch Leichter vornehmen zu lassen. Diese Tatsache, die sowohl bei Sturm ein Löschen der Ladung unmöglich macht, als auch durch den Leichterverkehr die Transportkosten unnötig erhöht, mindert den Wert Jaffas als Hafenstadt beträchtlich. Die Projekte für einen Hafenbau sind von der Regierung geprüft, aber wegen der gewaltigen Kosten vorläufig zurückgestellt worden. Ueber zwölf Schiffslinien legen regelmäßig in Jaffa an und zahlreiche Schiffe außerdem unregelmäßig. Vom 1. Mai 1920 bis 31. März 1921 haben 317 Dampfer mit insgesamt 448 847 und 923 Segelschiffe mit insgesamt 12 229 den Hafen angelaufen. 30 774 wurden gelöscht und 19 620 wurden verschifft (amerikanischer Report). Jaffa ist das Hauptzentrum für den Orangenexport. Es besitzt im wachsenden Maße Industrie (Seife, Mühlen, Zementfabrik, Bauunternehmen, Möbelfabriken). Die Ein- und Ausfuhrfirmen haben ihre Hauptgeschäfte oder ihre Niederlassungen daselbst Die Einwohnerzahl beträgt etwa 50 000, nach Trietsch sind 15 000 davon Juden, 10 000 Christen. Die Stadt selbst besitzt schlechte Straßen und schlechte Gebäude. Neuerdings ist sie mit elektrischem Licht versehen worden. Sie ist durch täglichen Eisenbahn- und Postverkehr mit Aegypten verbunden.

Haifa. So wenig Jaffa durch seine geographische Lage als Hafen prädestiniert ist, so sehr ist es Haifa. Haifa in der weitausladenden Bucht gleichen Namens gelegen, wird nach Süden hin durch das vorgelagerte Karmelgebirge geschützt, im Norden gewähren die nach Westen vorspringenden Ausläufer des Libanongebirges bei Ras el Nakura einen gewissen Schutz. Der Hafen ist frei von Klippen und gestattet seit jeher ein Anlegen der Schiffe. Ein Ausbau des

Hafens durch die Regierung, umfangreiche Hafenanlagen und Ausbaggern für den Tiefgang der größten Schiffe ist vorgesehen und wird sicher zur Ausführung kommen, wenn man bedenkt, welch einen vorzüglichen Seestützpunkt sich England hierdurch schafft. Die Bedeutung Haifas als Hafen wird weniger bedingt als Abschlagsort für den lokalen Bedarf des Landes als ganz besonders durch seine zunehmende Bedeutung im Transitverkehr mit den Nachbarländern. Sollte gar Frankreich in dem Konflikt mit der Türkei den Hafen Alexandrette verlieren, so müßte fast der gesamte Export Syriens über Haifa gehen. Weiter stellt die immer engere Verknüpfung Palestinas mit Mesopotamien, die durch Luft- und Bahnverkehr, ja sogar durch eine Petroleumleitung nach Haifa geplant ist, die Bedeutung Haifas voll in den Vordergrund. Haifa hat sowohl Bahnverbindung mit Damaskus durch die Hedschasbahn, als auch tägliche Verbindung mit Aegypten. Es ist der Ausfuhrmittelpunkt für den Hauranweizen und für die Produkte aus Transjordanien. Sämtliche Linien, die in Jaffa anlegen, legen auch in Haifa an. Vom 1. April 1920 bis 31. März 1921 legten in Haifa 287 Dampfer mit einer Gesamttonnage von 336 965 an und 904 Segler mit einer Gesamttonnage von 9604. Die von Haifa eingeführten Güter erreichten 73 563, die ausgeführten 10 294 to (amerikanischer Report S. 7). Hieraus ist zu ersehen, daß Haifa bezüglich der eingeführten Güter Jaffa bereits überflügelt hat. Die Stadt hat etwa 35 000 Einwohner, zum größten Teil Araber. Eine blühende deutsche Kolonie befindet sich am Westende der Stadt. Außer einer großen Mühle und einer entstehenden Zementfabrik weist Haifa Seifenindustrie und zahlreiche Kleinindustrie auf.

3. Wasserstraßen.

Die Flüsse Palestinas sind nicht schiffbar. Kleine Segelboote verkehren auf dem See Genezareth und dem Toten Meer, auch vereinzelt Motorboote. Ein regelmäßiger Pendelverkehr über das Tote Meer zum Weizentransport aus Transjordanien ist geplant. Palestina verfügt über keine wesentlichen Wasserstraßen. Es ist möglich, daß der Jordanfluß bei einer Regulierung schiffbar gemacht wird.

4. Wegenetz.

Auch eine erfreuliche Folge hatte der Krieg für das Land: Das Wegenetz erfuhr sowohl zuerst unter türkisch-deutscher, dann auch unter englischer Herrschaft einen wesentlichen Ausbau. 1922 besaß Palestina bereits 485 km Autostraßen und 381 km gute Straßen (Pal.-Hdb. S. 330). Die Hauptstraße durchquert in der Nord-Süd-Richtung das ganze Land und berührt die Orte Berseba, Hebron, Bethlehem, Jerusalem, Nablus, Nazareth, Tiberias. Von diesem Netz zweigen in der Ost-West-Richtung ab die Straßen nach Jericho, nach Jaffa und Tulkerim bis Haifa. Neben diesen Straßen, die sich in gutem Zustande befinden, gibt es zahlreiche Nebenstraßen ohne Unterbau. Sie sind im Sommer sehr wohl zu befahren, doch ist mit einsetzender Regenzeit ein Verkehr auf ihnen unmöglich. Weiter breitet sich ein Netz von Karawanenstraßen über das Land. Diese haben nur örtliche Bedeutung für die arabischen Händler, sind aber doch nicht unwesentlich für den Handelsverkehr.

5. Eisenbahnnetz.

Palestina besitzt ein Eisenbahnnetz von einer Gesamtausdehnung von etwa 560 km (Handbook S. 199 ff.). Die während des Krieges gebaute Bahn Suezkanal—Haifa ist von der Mandatsgrenze ab Rafa Regierungsbahn. Wir unterscheiden auch hier zwei Nord-Süd-Verbindungen und vier Ost-West-Linien. Die einzelnen Strecken sind:

Kantara—Ludd—Haifa . . .	etwa 200 km
Rafa—Berseba	„ 60 „
Jaffa—Jerusalem	„ 88 „
Ras al Ein—Petach—Tikwah .	„ 6½ „

Außerdem besitzt Palestina noch folgende Schmalspurbahnen:

Haifa—Samach	etwa	87 km
Haifa—Akko	„	22½ „
Afule—Nablus	„	78 „
Musidieh—Tulkerim	„	20 „

So sind alle wichtigen Handelszentren mit Bahnverbindung versehen. Die Strecke Haifa—Samach erreicht in Deraa Anschluß an die Medinabahn und damit nach Damaskus. Täglich ist Zugverbindung nach Aegypten. Ein Zug mit Speise- und Schlafwagen braucht von Kairo bis Jerusalem 18 Stunden. Ein Regierungsflugzeug überfliegt regelmäßig halbmonatlich Palestina auf seinem Weg von Kairo nach Bagdad. Der Landeplatz ist Ramleh in der Saronaebene. Jaffa—Jerusalem ist außerdem durch täglichen Personen- und Güterverkehr mittels Kraftwagen verbunden.

6. Der Schiffsverkehr.

Zwölf Schiffslinien legen regelmäßig die palestinensischen Häfen an, viele andere Dampfer berühren außerdem diese Häfen. Die Hauptlinie ist The Khedivial Mail lines. Sie bringen fünfmal monatlich Passagiere und Fracht nach Palestina. Eine französische Linie vermittelt einmal monatlich den Verkehr zwischen Jaffa und New York. Zahlreiche Segelboote vermitteln den Verkehr mit den Nachbarländern Syrien und Aegypten.

7. Die Verkehrsmittel.

Ein Wort sei noch über die Verkehrsmittel gesagt. Wohl selten weist ein Land eine solche Mannigfaltigkeit der Verkehrsmittel auf. Vom Flugzeug bis herab zum Esel-, Kamel- und Ochsenkarren. Auch bei den Eisenbahnen tritt uns ein buntes Wagenmaterial aller Länder entgegen. Allerdings ist neues Material bestellt. Besonders hervorzuheben ist die in der Nachkriegsperiode einsetzende Ueberschwemmung des Landes mit Kraftfahrzeugen. So gibt der amerikanische Bericht bis zum 1. September 1921 eine Einfuhr von 494 Personenkraftwagen, 74 Lastwagen und 83 Motorrädern an. Dazu kommen noch die Fahrzeuge der Besatzungsmacht.

8. Die Währung.

Im Januar 1921 ging die Mandatsregierung endgültig von dem Durcheinander verschiedener Geldsorten einheitlich zur ägyptischen Währung über. Als gesetzliche Zahlungsmittel sind sämtliche ägyptischen Banknoten, Silber- und Nickelmünzen, dazu noch der britische Goldsovereign anerkannt. Das ägyptische Pfund (es steht im Wert 3% höher als das englische Pfund) ist in hundert Piaster und in 1000 Millimes geteilt. Der Piaster entspricht etwa 21 Pfennigen, der Millimes etwa 2 Pfennigen der Vorkriegszeit. (Trietsch S. 177.) Der britische Goldsovereign entspricht 97½ Piastern. Es ist fraglich, ob die Mandatsregierung die ägyptische Währung als Landeswährung auf die Dauer wird beibehalten können. Nicht nur, daß Aegypten in zunehmendem Maße seine Unabhängigkeit von England erhält und somit aus dem Nexus englischer Wirtschaft und Verwaltung heraustritt, bildet eine derartig hohe Valuta, wie es die ägyptische ist, auch ein Geschenk von zweifelhaftem Wert für ein Land mit noch derartig in der Entwicklung begriffenen Produktivkräften. Die einheimischen Produkte, durch die in hoher Währung gezahlten Löhne schon über den Durchschnitt verteuert, haben außerdem noch den Nachteil der Konkurrenz niedervalutarischer Länder auf ihrer Seite. Es ist für den Staatskörper auch gesünder selbst Nutznießer des Barvermögens des Landes zu sein, als diesen Vorteil der ägyptischen Nationalbank zu überlassen.

9. Geld- und Bankverkehr.

Palestina hat die folgenden größeren Bankinstitute: The Anglo-Egyptian Bank (Regierungsbank), Imperial Ottoman Bank, Banko di Roma, Credit Lyonnais, Anglo Palestine Co. Ltd. Die letztere benutzt englisch-jüdisches Kapital und wurde vor dem Kriege für den Handel Palestinas gegründet. Der Sitz dieser Institute ist zumeist Jerusalem doch haben sie alle in Jaffa und Haifa Zweigniederlassungen.

Die getätigten Geschäfte sind vorwiegend Depositen- und Scheckgeschäfte. Charakteristisch für die Kapitalarmut des Landes ist der hohe Diskontsatz von 9%. Er gilt nur für kurzfristige Geschäfte und ist nicht als Ausnahme oder oberste Grenze anzusehen. Selten ist er niedriger, sehr oft aber noch viel höher. Dazu werden sehr hohe Sicherheiten gefordert, bei denen es den kleinen Handwerkern und der Bauernbevölkerung oft schwer wird, sie aufzubringen. Allerdings ist diese Vorsicht bei der Kreditgewährung durch die Erfahrung gerechtfertigt. Neben diesen größeren seriösen Instituten gibt es in der Stadt und in den Dörfern noch eine große Reihe privater Geldverleiher, oder sagen wir besser Wucherer. In Zeiten der Geldknappheit und der Zurückhaltung der Banken schlagen diese Leute, wie ich von glaubwürdiger Seite weiß, bis zu 80% Zinsen auf das Geld. Da der Mohammedaner weder Zins zahlen noch nehmen darf, wird in dem Schuldbrief die Summe einfach höher angegeben, als sie zur Auszahlung kam. Im Falle der Nichtleistung wird ihm sein Land abgenommen. Langfristige Kredite werden, wenn sie überhaupt gegeben werden, nur gegen Verpfändung von Immobilien gewährt. Mit langfristigen Hypothekengeschäften befassen sich die von den Zionisten ins Leben gerufenen Hypothekenbanken, die General Mortgage Bank of Palestine und die Building Loan and Saving Association. Die Regierung selbst unterstützte zeitweilig durch die Anglo-Egyptian Bank die Landwirtschaft durch Kredite. Neben diesen erwähnten Banken existieren noch einige kleinere Institute. Anzufügen ist auch die bereits besprochene zionistische Arbeiterbank (Workers Bank) und die Central Bank of Cooperative Institutions in Palestine.

10. Staatshaushalt

Ich entnehme dem amtlichen englischen Regierungsbericht (Report on Palestine Administration 1922) folgende Angaben über das Budget:

Einnahmen:

Einnahmequellen	Etatsjahr 1921/22
1. Zölle	623 273 E. Pfd.
2. Hafen und Marine	10 705 „ „
3. Lizenzen, Steuern usw.	758 144 „ „
4. Gerichtssporteln, Gebühren usw. .	150 496 „ „
5. Post, Telegraph, Telephon . .	121 222 „ „
6. Eisenbahn	557 334 „ „
7. Landwirtschaftliches Depart. . .	2 637 „ „
8. Pacht von Regierungseigentum .	32 289 „ „
9. Verschiedenes	20 428 „ „
10. Landverkäufe	1 153 „ „
Gesamtsumme der Einnahmen:	2 312 243 E. Pfd.

Ausgaben:

Art der Ausgaben	Etatsjahr 1921/22
1. Pensionen	17 145 E. Pfd.
2. Oeffentliche Schulden und Lasten	6 516 „ „
3. Für High Commissioner	12 809 „ „
4. Für Hauptsekretariat	32 358 „ „
5. Distriktverwaltung	78 607 „ „
6. Gerichtssekretariat	75 542 „ „
7. Grundbuchamt	14 053 „ „
8. Verwesungsamt	1 834 „ „
9. Landdep. und Landkommission .	5 355 „ „
10. Finanzsekretariat	4 869 „ „
11. Schatzkammer	29 322 „ „
12. Versorgungsdepartement . . .	10 404 „ „
13. Zoll- und Verrechnungsdep. . .	91 327 „ „
14. Dep. für Handel u. Industrie . .	5 005 „ „
15. Häfen- u. Beleuchtungsdep. . .	12 661 „ „
16. Dep. für öffentliche Gesundheit .	142 931 „ „
17. Dep. für Erziehung	88 158 „ „
	628 896 E. Pfd.

	Übertrag	628 896 E. Pfd.
18.	Dep. für Landwirtschaft und Fischerei	45 179 „ „
19.	Oeffentl. Sicherheit u. Gefängn. .	320 806 „ „
20.	Verteidigung	7 995 „ „
21.	Post, Telegraph, Telephon . . .	87 626 „ „
22.	Eisenbahnen	527 657 „ „
23.	Dep. für Einwanderung u. Reisen	13 304 „ „
24.	Dep. für Altertümer	6 649 „ „
25.	Dep. für öffentliche Arbeiten . .	38 200 „ „
26.	Laufende öffentliche Arbeiten . .	63 585 „ „
27.	Verschiedenes	141 211 „ „
	Gesamtsumme der Ausgaben:	1 881 108 E. Pfd.

Somit ist der Etat balanciert mit einem Ueberschuß von 431 135 E. Pfd. Wie man aus diesen Zahlen ersieht, ist das Budget sehr klein. Die Einnahmen durch Post und Eisenbahn stehen an erster Stelle und verschwinden auf der Ausgabenseite für die gleichen Zwecke. Da keine Spezifikation der einzelnen Steuern angegeben ist, ist ein Rückschluß auf die wirtschaftlichen Verhältnisse, besonders die agrarischen, leider nicht möglich. Wie leicht verständlich ist, nehmen die nächste Stelle neben Eisenbahn und Verwaltung die Ausgaben für Sicherheit und Gesundheitspflege in einem Staat ein, der aus den Kriegswirren erst erstanden ist.

11. Steuern und Zölle.

Teilt man, wie es Mr. Cornfelds in einem Vortrag vor der Palestine Economic Society in Jaffa getan hat, die Steuern in direkte und indirekte und die direkten wieder in solche, die zwangsweise ohne Gegenleistung erhoben werden, und in solche, denen als Gegenleistung die Nutznießung der öffentlichen Anstalten usw. gegenübersteht ein, so ergibt sich für Palestina folgendes Bild:

Zu den direkten Steuern gehören der Zehnte (Uschur), die Steuer auf Liegenschaften (Werko), die Tiersteuer

(Aghnam) und die Steuer für alkoholische Getränke. Zu der zweiten Gruppe der direkten Steuern, weniger groß von Bedeutung, gehören die Abgaben für Post, Telegraph, Telephon, Wechselsteuer und Gebühren für Erlaubnisscheine. An indirekten Steuern gibt es, außer den Zollabgaben, die ich besonders behandle, nur die Salzsteuer. Die Regierungssteuern werden von besonderen Beamten kassiert, die städtischen Steuern von den Stadtverwaltungen, deren es 22 gibt. Oft überträgt die Regierung auch das Eintreiben von Steuern den Bürgermeistern (Muchtare) und vergütet ihnen dieses Amt mit einer Entschädigung von 2% der Steuereingänge. Somit ist einer der schlimmsten Uebelstände der türkischen Epoche ausgetilgt, der darin bestand, daß die türkische Regierung die Steuern nicht selbst eintrieb, sondern die Eintreibung für einen Bezirk öffentlich an einen Unternehmer versteigerte, dessen ganzes Bestreben dann darauf gerichtet war, nur ja nicht zu kurz zu kommen, der erbarmungslos gegen den armen Fellachen vorging und so entgegenkommender dem Effendi sich zeigte, je mehr er den persönlichen Interessen des Steuerpächters entgegenkam.

Der Uschur oder auch Oscher genannt, ursprünglich 10% des Ernteertrages, ist durch Zuschläge schon in der Türkenzeit auf 12½% erhöht worden und so von der Regierung beibehalten werden. Die Höhe der Steuer wird in Kilogramm festgesetzt, die Bezahlung in bar. Zwei selbständige Schätzungen (für Sommer- und Winterfrucht) werden der Oscher zugrunde gelegt. Von der Regierung ernannte Schätzer, Beamte und Vertreter des Dorfes legen gemeinsam das Ergebnis fest.

Die Werko ist eine Immobiliensteuer. Sie beträgt 4 pro Mille vom Werte des Bodens. Hierzu gehören auch Pflanzungen, Anlagen und Gebäude. Der Veranlagung liegt eine Festsetzung aus alter Zeit zugrunde, doch ist eine Neueinschätzung von seiten der Regierung im Gange.

Die Aghnam (Viehsteuer) hat als Unterlage die jährlich erfolgende Viehzählung in den Monaten Februar und

März. Sie beträgt für Schafe 4,8 Piaster pro Kopf, Ziegen 4,8 Piaster, Kamele 12 Piaster, Büffel 12 Piaster, Schweine 9 Piaster, Kamele, die nur zum Pflügen dienen, sind von der Steuer befreit (Palestina-Handbuch). Fünf ehemals unter türkischer Herrschaft bestehende Steuern wurden als nicht mit der englischen Politik vereinbar aufgehoben: 1. der Tamattu (Gewerbesteuer), die Handwerker und Gewerbetreibende zu stark belastete, 2. der Badl, die Befreiungssteuer vom Militärdienst, die unglaubliche Mißstände zur Folge hatte, 3. die Fronsteuer, mit welcher die Bewohner der Bezirke sich vom Arbeitsdienst beim Straßenbau loskaufen konnten, 4. die Fischsteuer, die ein Aufblühen dieses Gewerbes verhinderte, 5. Lizenzen, die die Gesundheit und Arbeit betrafen.

Die Zölle. Die Regierung hat für die Zölle den Tarif der alten Türkei als Grundlage beibehalten. Sämtliche eingeführten Waren unterliegen einem Wertzoll von 12%. Dieser Zoll von 12% erstreckt sich nicht nur auf Fertigfabrikate, sondern auf Halbfabrikate und Rohstoffe. Von diesen 12% sind 11% reiner Zoll für die Regierung, 1% des Zolles fällt den Stadtgemeinden zu, die bis 1921 selbständig eine 1%ige Abgabe auf alle Waren erhoben hatten. Der Zoll ist ermäßigt auf 9% ad valorem bei Waren, die aus Aegypten oder der Türkei kommen und deren Herstellung vorwiegend aus den Rohstoffen dieser Länder erfolgte. Auf 3% ad valorem ist der Zoll ermäßigt bei Baumaterialien, wie Holz, Metall für Bauzwecke, Glasfenster, dann für Orangekisten und lebende Tiere. Zollfrei sind landwirtschaftliche Maschinen, chemischer Dünger, Samen und Drucksachen, ferner Gegenstände, die dem privaten und Haushaltungsbedarf der Siedler persönlich dienen. Zwischen Syrien und Palestina bestehen laut einem Abkommen vom 25. August 1921 (Report on Palestine 1921 S. 24) so gut wie keine Zollschranken mehr. Der Exportzoll beträgt auf alle Waren des Landes 1% ad valorem. Transjordanien ist von Palestina, als zu dem Nexus palestinensischer Wirtschaft gehörig, nicht durch Zollschranken getrennt. Einen Prozentsatz der Ein- und Ausfuhrzölle führt Palestina an Transjordanien weiter. (1921/22 5,08% des Gesamtwertes, Palestina-Handbuch S. 324.) Gemäß dem Friedensvertrag von Sèvres Artikel 335 ist der Hafen von Haifa als Freihafen erklärt worden, woraus sich gewisse Erleichterungen bezüglich des Zolles ergeben. Wie weit der Zolltarif hemmend auf das Wirtschaftsleben Palestinas einwirkt, soll im Kapitel V Gegenstand der Besprechung sein.

12. Post, Telephon und Telegraph.

Der Postdienst ist der englischen Verwaltung unterstellt. An seiner Spitze steht ein britischer Oberpostmeister. Postämter befinden sich in fast allen Städten und zahlreichen Dörfern. Fremde Postämter aus türkischer Zeit werden nicht weitergeführt. Durch täglichen Eisenbahnverkehr mit Aegypten ist eine rasche Bestellung gewährleistet.

Telegraph und Telephon. Eine im Juli 1921 erfolgte Zusammenstellung (amerikanischer Report) ergab 11 475 km Leitung (davon sind 781 km für den Ortsverkehr), 684 Telephone, 31 Vermittlungen, 10 Privatämter, 20 öffentliche Aemter. Es besteht direkte Verbindung mit Aegypten durch Telegraph. Nach der Palestina-Wirtschaft Heft 8 ist Palestina jetzt auch an den internationalen drahtlosen Verkehr angeschlossen. Auch wird die Legung eines Kabels Jaffa—Alexandrien durch die Eastern Telegraph Co. in die Wege geleitet.

13. Nachrichtenwesen.

Es erscheinen in Palestina etwa ein halbes Dutzend Tageszeitungen. Sie haben eine geringe Auflage und bestehen meistens nur aus einer Seite. Z. B. ein englisches Wochenblatt, weiter einige jüdische und einige arabische Nachrichtenblätter. Erfreulich ist es, daß die Regierung das Reklame- und Plakatwesen starken Beschränkungen unterworfen hat, um zu verhindern, daß das Land und besonders die historischen Stätten durch das Plakatwesen verunziert werden.

IV. Kapitel

Die sich aus diesen Ausführungen ergebenden Entwicklungsmöglichkeiten des Landes.

A. Landwirtschaft.

Wenn ich in den vorhergehenden Kapiteln an der Hand der reichhaltigen früheren und spärlicheren neueren Literatur, wobei ich mich in der Hauptsache auf die amtlichen Regierungsberichte und den amerikanischen Konsularbericht stützte, die wirtschaftlichen Verhältnisse des Landes und seiner Bewohner zu schildern mich bemüht habe, so will ich in diesem IV. Kapitel untersuchen, welche Entwicklung sich aus dieser konkreten Wirtschaftslage ergibt. Weiterhin will ich zeigen, wo der Schwerpunkt dieser Entwicklung liegt, die hemmenden Faktoren anführen, Anregungen zur Beseitigung derselben geben und zeigen, wie die Volkswirtschaft dieses Landes dieser, ihren wirtschaftlichen Kräften entsprechenden höchstmöglichen Entwicklung näherkommen kann. An dieser Stelle möchte ich noch auf den Mangel einer zuverlässigen Statistik hinweisen. Oft fehlt sie ganz. Diese Lücken werden durch das Mittel der differierenden Ergebnisse und durch die eigene Kenntnis des Verfassers von dem Lande ausgefüllt.

Palestina mit fast 80% Agrarbevölkerung kann man als ein Agrarland bezeichnen. Aber innerhalb dieses Begriffes bilden sich zwei verschiedene Arten der landwirtschaftlichen Nutzung heraus. Die eine betrachtet als Hauptanbauprodukt den Getreidebau, die andere den Garten- und Pflanzungsbau. Palestina mit einer Gesamteinwohnerzahl von 590 890 hat einen Jahresbedarf von 170 366 t Brotgetreide, wenn man den Jahresbedarf pro Kopf mit 225 kg ansetzt, wie es Groppa in seiner außerordentlich gründlichen Arbeit „Die Getreidewirtschaft Syriens und Palestinas seit dem Weltkriege“ Seite 127 tut. Von diesem Bedarf deckt nach der gleichen Quelle der Ernteertrag des Landes nur durchschnittlich 60%. Dabei hat Groppa nicht berücksichtigt, was ich über die Qualität des Weizens angeführt habe, nämlich seine Ungeeignetheit für die Brotbereitung. 40% müssen also durch Einfuhr gedeckt werden, das heißt, Palestina ist nicht in der Lage, auf absehbare Zeit seinen eignen Konsum zu decken, es ist vielmehr auf den Hauran-, den Ostjordan- und australischen Weizen angewiesen. Die Getreidezentren Palestinas, die Jesreelebene, die Saronaebene und die Gegend um Gaza würden, selbst bei höchster Intensivierung weder den Konsum decken, noch auch wegen Qualität und den durch die Kultivierung und Intensivierung bedingten über dem Weltmarktpreis liegenden Getreidepreis vor der ausländischen Konkurrenz bestehen können. So schreibt Weisl, Jerusalem (Plutus Heft 5 S. 74): „Australisches Mehl ist billiger, wenigstens in gewissen Monaten, in Jerusalem als einheimisches —“. Mit der Zunahme guter Verkehrswege nach dem Hauran und dem Ostjordanland, den Kornkammern Kleinasiens, und dem Ausbau von Jaffa und Haifa zu guten Häfen, ist eine aussichtsreiche Getreidewirtschaft, die noch dazu den klimatischen Bedingungen in derartig hoher Weise unterworfen ist, daß der Jahresdurchschnitt zwischen dem fünffachen und achtzigfachen Ertrage der Aussaat schwankt, nicht möglich. Die landwirtschaftliche Zukunft liegt allein bei der Plantagenwirtschaft und dem Gartenbau. Hier finden wir größere Unabhängigkeit vom Klima dank der Bewässerung und der geringen Ansprüche der Produkte, weiter eine größere Gleichmäßigkeit des Ertrages und keine wesentliche ausländische Konkurrenz. In Spezialkulturen, wie Orangen, Mandeln, Tabak und besonders in den anspruchslosen Oliven, die sämtlich gute Qualitäten aufweisen, deren

Kulturen mittels Terrassenbau auch das steinige Gebirgsland erobern können, die auf einer im Verhältnis zum Getreideland geringen Fläche dem Farmer ein gutes Auskommen sichern, ist die zukünftige Entwicklung Palestinas begründet. Der aussichtsreiche Anbau von Tabak hat nach Aufhebung des Tabakmonopols überall eingesetzt. Er verspricht zu einer großen Einnahmequelle des Landes zu werden. Die Orangen- und Zitronenplantagen haben ihre Produktion innerhalb der Jahre 1920/23 von 568 425 Kisten auf 1 500 000 Kisten gesteigert. Die Weinernte betrug 1921/22 6741 t. Gemüse, besonders Kohl und Blumenkohl, Melonen, Hülsenfrüchte, wie Erbsen, Kichererbsen, Bohnen, Sesam wachsen in steigendem Maße. Das Rutenbergprojekt mit seinen großen Kraftanlagen im Jordantal und seinen projektierten Bewässerungsanlagen wird die Entwicklung endgültig nach dieser Richtung hin festlegen, denn die billige Kraftquelle für Pumpstationen und Verarbeitungsmaschinen verhilft dem Plantagenbau und der Anlage von Spezialkulturen zur Vorherrschaft. Ein Beispiel, wie erfolgreich sich die Anlage von Pflanzungen dieser Art gestaltet, ist die Kolonie Petach Tikwah. Sie wird von ca. 3000 jüdischen Siedlern bewohnt, die ca. 2000 arabische Arbeiter beschäftigen. Sie unterhält eine Knaben-, eine Mädchen- und eine gemischte Schule und zwei Kindergärten mit zusammen 750 Schülern. Als die Juden dieses Land vor etwa 40 Jahren übernahmen, war es entweder wenig kultiviert oder noch völlig wüst. So schufen sie in diesem Zeitraum eine blühende Siedlung, deren Haupteinnahme die Spezialkulturen, wie Orangen, Weintrauben, Mandeln, Oliven sind. Auf einer Fläche von 24 000 Dunam, was 2181 ha entspricht, kommt eine Bodenfläche von 16 Dunam, ca. 1½ ha, durchschnittlich auf den Kopf des Siedlers. Dieses Beispiel zeigt, daß durch aufopfernde Arbeit und große Opfer an Kapitalien von außerhalb das Land wieder wie in alter Zeit zu einem blühenden Garten gemacht werden kann.

So fasse ich mein Urteil in den Sätzen zusammen: Der Boden Palestinas hat seine Zukunft als Garten- und Plantagenland. Die bestehenden Sümpfe können entfiebert, entsäuert und aufgeforstet oder durch Drainage kulturfähig gemacht, ein ausgezeichnetes Gemüse- und Gartenland ergeben. Die verfallenen Terrassen an den Berghängen können wie im Altertum genutzt werden. Hier wird die Olive die vorherrschende Kultur sein. Diese Erschließung erfordert allerdings hohe Kapitalinvestierungen, denn der zu Tal geschwemmte Humusboden muß mühsam wieder aufgetragen werden. Für Getreidebau können schließlich die Steppenböden im Süden des Landes erschlossen werden (wie es Kranold, Jüd. Rundschau Nr. 3 18 IV 1924 vorschlägt). Hier wäre es möglich, durch humusbildende Pflanzen, wie Luzerne, den Boden anzuregen und durch die Methode des Dry Farming zum Anbau von Mais und Weizen überzugehen. Einer derartig gedeihlichen Entwicklung des Landes stehen aber zahlreiche hemmende Faktoren entgegen, die ich hier erörtern will.

Zuerst die Kapitalarmut des Landes. Auf einem arabischen Kongreß in Jerusalem lautete eine der an die Regierung gerichteten Forderungen: „Die Türkische Agrarbank soll wieder aktiviert werden aus Mitteln ihrer Außenstände, die entweder schon eingegangen oder noch einzuziehen sind, und auch mit dem Gelde, das seit der Okkupation in ihrem Namen gesammelt wurde. Die Bank soll von einem Komitee von Einheimischen mit Unterstützung der Regierung verwaltet werden". Aus der Antwort der Regierung entnehme ich: Die Regierung möchte sehr gerne eine Agrar-Kreditbank errichten, aber es konnte bisher das Kapital nicht aufgebracht werden. Wenn einheimisches Kapital zu erhalten wäre, so würde dies eine Erleichterung bedeuten. Die Regierung hat übrigens seit der Okkupation ca. 500 000 Pfund Agrardarlehen zu niedrigem Zinsfuß verliehen. So stellt sich der Mangel an landwirtschaftlichen Krediten als ein die Entwicklung stark hemmender Faktor dar. Die Mehrzahl der Dörfer leidet unter Schuldenlasten, die zum Teil noch aus der Kriegszeit herrühren. Das Fehlen der Agrar-Kreditbank zwingt die Bauern, zu hohem Zinsfuß Geld aufzunehmen. Diese Darlehnszinsen verschlingen zum größten Teil die Ernteerträge. Der Wucher, den ich unter Geld- und Bankverkehr geschildert habe, spielt auch hier eine Rolle.

Als nächster hemmender Faktor ist die Zehntsteuer, der sog. Oscher, zu nennen. Er bildet die Haupteinnahmequelle des Staates. Wohl leidet besonders der Fellache unter dieser Steuer sehr, doch wird die Regierung schwerlich bei ihrer Finanzlage auf sie verzichten können. Eine rechte Regelung dieser jahrhunderte alten Steuer wäre aber angebracht. Besser wäre es, den Boden nach seinem gemeinen Wert abzuschätzen und diese Schätzung der Besteuerung zugrunde zu legen, statt den Ertrag zu besteuern. Hierdurch belastet man den tüchtigen Bauer stärker als den faulen. Ein Beispiel, wie stark die Wirtschaftlichkeit unter der Last des Oschers leidet, ergibt eine Rentabilitätsberechnung eines 10 ha großen Gutes von gutem Boden in der Getreideebene von Galiläa für das sehr ungünstige, trockene Jahr 1921, die ich dem Bericht des Landwirtschaftsdirektors Mr. E. R. Sawer über die Jahre 1920/23 entnehme:

Ausgaben vor Zuteilung des Fünftelertrages an den Pflüger:

1. Oscher 12½% des Rohertrages	780	Piaster
2. Lohn des Kuhhirten	150	„
3. Saisonarbeiter für die Ernte	120	„
4. Für Beköstigung derselben	150	„
5. Futter für pflügendes Vieh	450	„
6. Jäten und andere Unkosten	320	„
	1970	Piaster
Verkaufswert der Ernte	6240	„
verbleiben	4270	Piaster

Ausgaben, welche den Besitzer belasten:

1. $^1/_5$ Anteil des Pflügers von 4270 Piaster	854	Piaster
2. Lohn an den Pflüger (Sulfeh)	600	„
3. Abschreibung für Vieh	1000	„
4. Wergho (Grundsteuer)	200	„
5. Saatgut	2537	„
	5191	Piaster
	4270	„
Verlust des Besitzers	921	Piaster

Betrachtet man diese Rechnung im Hinblick auf die steuerliche Belastung, so ergibt sich:

Gesamtwert der Ernte	6241	Piaster
Gesamtspesen ohne Steuer inkl. Anteil des Pflügers	6181	„
Gewinn von	59	Piaster

An Steuern wurden gezahlt:

Oscher	780	Piaster
Wergho	200	„
	980	Piaster
Daher ein Verlust von	921	„

Derselbe Boden hatte im Durchschnitt der vorhergehenden 5 Jahre einen guten Ertrag von 3130 Piaster ergeben bei einer allerdings doppelt so großen Ernte mit annähernd gleichen Verkaufspreisen. Hier gestaltete sich die Steuerbelastung wie folgt:

Gesamtwert der Ernte	12 650	Piaster
Gesamtwert der Spesen inkl. des Anteils des Pflügers	7 739	„
Bruttoertrag	4 911	Piaster

Steuern:

1. 12½% Oscher von 12 650 =	1581	Piaster
2. Wergho	200	„
	1781	Piaster
Nettoertrag der Ernte	3130	„

So ergibt sich, daß die Steuern vom Bruttoertrag nicht weniger als 36%, vom Nettoertrag 57% ausmachen.

Im Gegensatz zu der Oscher, die wie wir aus diesem Beispiel ersehen, die Wirtschaft schwer belastet und die einer Milderung bedarf, könnte eine Heraufsetzung der Bodensteuer für unbebauten Boden, der aber kultivierbar ist, nichts schaden. Auf diese Weise würden dann die Effendis gezwungen, den Boden entweder unter Kultur zu nehmen oder zu verkaufen. Dies hätte wiederum ein Sinken der Bodenpreise und ein starkes Bodenangebot zur Folge. Damit komme ich zu der Bodenbesitzverteilung überhaupt, die eine Bodenreform erfordert. Zwei Drittel des Landes gehören den Effendi, die fern von der Scholle von der Rente ihrer Güter leben und sich nicht im geringsten um ihre Wirtschaft kümmern. Die armen Fellachen aber haben außer der Oscher, die 12½% beträgt, den Gutsherrn noch 25% des Reinertrages als Pacht zu zahlen, was nach Weisl oft 5% des Bodenwertes ausmacht, und der Rest davon gehört auch nicht ihnen. Ihn kassieren die Scheichs, die zwischen Effendi und Fellach stehen, ein. Wie Weisl ganz richtig anführt, sind der Lohn für jahrelange Arbeit oft nur ein paar Schafe, ein paar Kleidungsstücke und $^1/_4$ bis $^1/_5$ der Ernte. Unter solchen Umständen kann die Wirtschaft nicht gedeihen. Wie kann ein Fellache seine Wirtschft intensivieren, solange er unter solchen Bedingungen arbeitet? Er ist vom Nahrungs- und nicht von dem Erwerbsgedanken beherrscht und hat kein Interesse, mehr anzubauen, als zu seinem eigenen Bedarf gerade notwendig ist. Ich verweise hier wieder auf Schulmann, der gerade diese Verhältnisse, die tief eingewurzelt sind, und die die Regierung nur Schritt für Schritt wird mildern können (denn sie will es mit den Effendis nicht verderben), in ihren schrecklichen, aber leider nur zu wahren Wirkungen geschildert hat. Eine Aufteilung dieses Latifundienbesitzes in die Hände tüchtiger Fellachen und Siedler ist ein dringendes Erfordernis. Aus dieser Lage der Fellachen, wie ich sie dargestellt habe und wie sie alle, die das Land kennen, bestätigen werden, ist ersichtlich, daß man nicht schematisch mit der Förderung nach landwirtschaftlichen Maschinen und Dünger die Fellachenwirtschaft produktiv machen kann, bevor nicht diese Frage befriedigend gelöst ist. Auch möchte ich vor der mechanischen Anwendung der Maschinen warnen. Wie ich schon an der Dreschmaschine gezeigt habe, sind die Maschinen nicht ohne weiteres für die Bewirtschaftung dieses Bodens geeignet, die Bestellung des Fellachen aber ist durch Jahrhunderte hindurch erprobt. Damit soll nicht gesagt werden, daß die Fellachenwirtschaft keiner Intensivierung durch moderne Arbeitsmethoden fähig wäre, wohl aber, daß zuvor ein eingehendes Studium an Ort und Stelle diese Methoden auf ihre Geeignetheit prüfen muß. Zu diesem Zweck beabsichtigt auch die Regierung, eine Versuchsfarm einzurichten und die Betriebe durch Sachverständige zu beraten. Was weiterhin eine Erschwernis der Landwirtschaft bedeutet, ist der Mangel an organisierten Märkten und die schlechten Verbindungsmöglichkeiten zwischen Dörfern und Städten. Die meisten Bauern würden in der Lage sein, ihre Produkte auf die Märkte der Städte zu bringen, wenn sie nicht die hohen Kosten und die geringen Transportmöglichkeiten daran hindern würden. Hier ist schon viel geschehen, wie wir im Abschnitt „Verkehrswege“ gesehen haben. Die Bahnverbindung nach Aegypten gestattet einen raschen Abtransport der Gemüse, Melonen usw. Zur Erleichterung des Absatzes wäre vielleicht eine Ermäßigung des Transporttarifes am Platze. Fühlbar macht sich auch der Mangel an organisierten Ueberseemärkten. Besonders bei Wein und Orangen macht sich dies bemerkbar. Doch wird die Lösung dieser Frage, die wieder zusammenhängt mit der hohen ägyptischen Währung gegenüber den niedervalutarischen Ländern, durch eine geordnete europäische Volkswirtschaft von selbst verschwinden. Zum Schluß weise ich noch auf ein Hemmnis psychischer Natur hin, das ist die Indolenz des Fellachen. Ein wahres Erlebnis eines mir befreundeten Kolonisten kennzeichnet am besten diese Indolenz. Ein großer Felsblock liegt mitten im Weg.

Der Fellach reitet mit seinem Esel jeden Tag darum herum. Der Deutsche, der dies beobachtet, fragt: Warum schaffst du den Felsblock nicht fort, er ist dir doch im Wege: Der Fellache sieht den Frager verwundert an und sagt: Mein Großvater ist um den Stein herumgeritten, mein Vater ebenso, bin ich etwas Besseres, daß ich es leichter haben soll? Und der Stein bleibt liegen. —

B. Entwicklungsmöglichkeiten der Viehzucht.

Die Viehzucht, die durch den Krieg in ihren Beständen erheblich gelichtet worden war, beginnt sich wieder zu erholen. Die Regierung gewährt Erleichterungen für die Einfuhr von Zuchtvieh, sie verspricht weiter, wie ich aus ihrer Antwort auf die Anfragen des arabischen Kongresses entnehme (Jüd. Rundschau 135/36 S. 213) ein zentrales Tierspital bei Ludd zu errichten und durch eingeführte Zuchtrassen den Viehbestand zu heben. Abschließend kann man sagen, daß die Viehzucht infolge der großen Futterarmut des Landes keine große Bedeutung erlangen wird, abgesehen von der aussichtsreichen Schaf- und Ziegenzucht, wozu die mit spärlicher Vegetation bedeckten Gebirgsabhänge als Weide genügen.

C. Die Entwicklungsmöglichkeiten der Industrie.

Palestina wird als Industrieland keine Stellung auf dem Weltmarkt einnehmen. Die Hauptbedingungen für eine zukunftsreiche Industrie fehlen, nämlich Kohle und Eisen. Ueber die Gewinnung von Rohstoffen überhaupt verweise ich auf das im Kap. II B über Bergbau gesagte. Wir finden keine schiffbaren Flüsse vor und der Eisenbahntransport wird die Produkte bis hin zum Absatzort über den Weltmarktpreis hinaus verteuern. Auch auf den Arbeiterverhältnissen, wie ich sie bereits geschildert habe, kann sich keine gewinnbringende Industrie aufbauen. Ein aussichtsreicher Absatz nach dem Weltmarkt durch die beiden Häfen ist gleichfalls in absehbarer Zeit nicht zu erwarten, da die Häfen noch nicht den Anforderungen des normalen Seeverkehrs entsprechen. Die Industrie, die wir in Palestina vorfinden, ist entweder eine Verarbeitungsindustrie der im Lande erzeugten Spezialkulturen, wie Tabak, Seife, Mehl usw., hauptsächlich nach dem Absatz um Jaffa herum orientiert, oder eine Verarbeitungsindustrie von Halbfabrikaten, wie in Möbelfabriken, Webereien oder von örtlichen Stoffen, wie in Zementfabriken, Ziegeleien usw. jedoch nur zur Deckung des Bedarfes im Lande selbst und für das industriearme Hinterland. Die Lage der Industrie in Palestina wird sich nach Fertigstellung des Rutenbergprojektes, das als Kraftquelle die weiße Kohle liefert, erheblich bessern. Trotzdem wird die Industrie Palestinas auf lange Zeit hinaus eine untergeordnete Rolle spielen, weil das Land, und damit komme ich zu dem Hauptargument, vorläufig keine Kaufkraft besitzt. Von den Bewohnern sind ca. 80% ganz arme Fellachen, meist ohne jedes Bargeld, mit keinerlei Kulturbedürfnissen. Es ergibt sich also die folgende Lage der Industrie: Im Ausland nur Absatz für Spezialartikel, im Inland geringe Aussichten für eine bescheidene Bedarfsartikelindustrie wegen mangelnder Kaufkraft des Hauptteiles der Bevölkerung. Gelingt es erst, den Bauernstand durch sinngemäße Bodenreform und die weiteren angeführten Maßnahmen zu heben und ihn mit Kaufkraft auszustatten, so sind einer bescheidenen Industrie für die Bedarfsdeckung des Landes und der Hinterländer die Tore geöffnet, vorausgesetzt, daß England, bisher das Haupteinfuhrland, sich diese Einnahmequelle durch hohe Schutzzölle verschließen läßt.

D. Entwicklungsmöglichkeiten des Handels.

Wesentlich vorteilhafter zeigt sich die Lage für die Handelsmöglichkeiten Palestinas. Zwar gilt das, was ich im vorhergehenden Abschnitt über die Kaufkraft der Bevölkerung gesagt habe, in gleichem Maße für den Inlandshandel, doch liegt die Bedeutung des palestinensischen

Handels an anderer Stelle. Sie ist in seiner natürlichen Lage als Durchgangsmarkt zwischen den Märkten des Okzidents und Orients gegeben. Die durch die englische Politik immer mehr mit Palestina verknüpften Hinterländer Mesopotamien, Arabien, ja auch Syrien, haben letzten Endes als Handelsbasis Palestina. So verfügt Palestina als Handelsbasis über ein Hinterland mit schätzungsweise 3 Millionen Bewohnern. Fassen wir die Pläne der Engländer ins Auge. Sie haben eine Bahnverbindung Bagdad—Haifa (eine Luft- und Autoverbindung besteht bereits) und eine Petroleumleitung auf der gleichen Strecke vorgesehen. Die Verbindung mit Damaskus und Aegypten ist bereits von ihnen fertiggestellt. Damit rückt Palestina mehr und mehr in den Brennpunkt eines Durchgangsmarktes zwischen Okzident und Orient. Neben den, wie ich in dem letzten Kapitel darstellen werde, nicht mehr so ganz sicheren Besitz des Suezkanals, schafft sich England einen Landweg nach Indien, der Haifa mit einem Schlag internationale Bedeutung verschaffen wird. Wieder finden wir eine Parallele mit dem Altertum: Neben blühendem Gartenland ausgeprägter Durchgangsmarkt des römischen Imperiums nach dem Orient. Daß diese Entwicklung Handel und Industrie Palestinas befruchten und die Kaufkraft des Landes weiter heben wird, versteht sich von selbst.

E. Die deutschen Kolonien.

Bevor ich dieses Kapitel schließe, will ich mit besonderer Freude der deutschen Kolonien gedenken (die jüdischen werden besonders unter „Zionismus“ behandelt), deren Lob aus dem Munde des High Commissioner ich schon eingangs erwähnte. Was wir in den deutschen Kolonien sehen, ist die echte deutsche Bauernwirtschaft. Sie sind sauber und vorbildlich auf allen Gebieten, im Getreidebau, der Plantagenwirtschaft, der Viehzucht und der Milchwirtschaft. Als Musterwirtschaften im wahrsten Sinne des Wortes haben sie durch ihr Beispiel und ihre Arbeitsmethoden nahezu der gesamten Landwirtschaft einen neuen

Impuls gegeben. Ihre Zahl ist gering. 1916 waren es 2000 Kolonisten. Viel mußten sie während des Krieges durchmachen, bis sie das Internierungslager in Aegypten wieder frei gab und ihre Rückkehr gestattet wurde. England wußte, was es an diesen Pionieren hatte und gab ihnen wohlweislich ihre Scholle zurück. Ihre Zahl ist jetzt geringer und sie leben ihr einfaches, bescheidenes Leben, wie vor der Besetzung. Ueberall genießen sie Vertrauen, sei es bei den Fellachen, den Juden und auch bei der Regierung. Viel haben sie von ihrem einstigen Wohlstand eingebüßt, aber mit der ihnen eigenen Zähigkeit gehen sie mit neuem Mut an ihre Arbeit heran, wenig behindert von der englischen Behörde, die in ihnen, die keiner Partei angehören, das ruhige, zuverlässige Element sieht auf dem heißen Boden Palestinas.

V. Kapitel

Palestina im Rahmen der Weltpolitik.

A. Einleitung.

Wollte ich mich mit der in den vorausgehenden Kapiteln erfolgten Ausführung der konkreten Wirtschaftslage begnügen, so würde ich in den Fehler aller bisher über Palestina geschriebenen Darstellungen verfallen. Solche Darstellungen sind ungenüged und verleiten den Fernstehenden zu falschen Schlüssen und Ergebnissen, wenn sie sich damit begnügen, Palestina lediglich als isolierten Staat zu werten. Palestina ist genau das Gegenteil eines isolierten Staates. Mitten im Brennpunkt der weltpolitischen Interessen, in den es durch seine geographische Lage gerückt ist, kann man es vielmehr als einen Spielball derselben ansehen. Von dem Schicksal Palestinas, welches gerade durch seine Lage die Länderbrücke zwischen Okzident und Orient bildet, und welches seit alters her als Heer-, Handels- und Pilgerstraße zwischen Kleinasien, Arabien und Afrika dient, können nicht die Einflüsse und Beziehungen der Nachbarländer abstrahiert werden. Nur ein Eingehen auf diese Fragenkomplexe, in denen Palestina als ein integrierender Bestandteil der Nachbarländer und der Großmächte, die diese Länder besitzen, oder als Interessensphären ansehen, behandelt wird, gestattet die palestinensische Volkswirtschaft in ihrem richtigen Lichte zu sehen. Das zeigt uns die Vergangenheit, auf die ich hier nicht näher eingehen kann, klar und eindrucksvoll. In der künftigen Entwicklung wird diese Betrachtungsweise sich erneut als die richtige erweisen. Bevor ich aber auf diese Fragenkomplexe im einzelnen eingehe, werde ich eine vom staatsrechtlichen Standpunkt gesehene Betrachtung des Begriffes „Mandatsstaat“ und eine staatsrechtliche Einreihung des Mandatsstaates in das englische Imperium voranschicken, um dann mit der Frage: Welche Rolle ist diesem Mandatsstaat in der englischen Weltpolitik zugewiesen? auf den Kern des Problems einzugehen. Anschließend daran ergibt sich von selbst eine Untersuchung über die mit dieser Politik tangierenden Interessen anderer Großmächte und politischer Gruppen. Es bleibt dann noch übrig, dieses im großen Rahmen entworfene Bild weltpolitischer Interessen im einzelnen in den lokalen Bewegungen aufzuspüren und diese Bewegungen gleichfalls in die Untersuchung mit einzubeziehen.

B. Der Mandatsstaat.

Im Artikel 22 des Friedensvertrages von Sèvres finden wir eine Definition des Begriffes „Mandatsstaat“. Es heißt daselbst folgendermaßen:

„Bei denjenigen Kolonien und Territorien, die infolge des vergangenen Krieges aufgehört haben, unter der Obrigkeit des Staates zu stehen, von denen sie früher regiert wurden, und die von Völkern bewohnt sind, die noch nicht imstande sind, selbständig zu sein unter den harten Bedingungen der Welt, sollte das Prinzip angewandt werden, daß das Wohlsein und die Entwicklung solcher Völker eine heilige Bürgschaft (Sacred trust) der zivilisierten Welt bilden sollte und daß Sicherheit zur Ausführung dieser Bürgschaft in diesem Abkommen enthalten sein sollte.

Die beste Methode, dieses Prinzip praktisch auszuführen, ist, daß die Vormundschaft über solche Völker fortgeschrittenen Nationen anvertraut werden sollte, die durch ihre Mittel, ihre Erfahrungen oder ihre geographische Lage diese Verantwortung am besten übernehmen können und die auch bereit sind, sie zu übernehmen; und daß diese Vormundschaft von ihnen ausgeübt wird als — Mandatoren — im Namen des Völkerbundes.

Der Charakter des Mandates muß der Entwicklungsstufe des Volkes, der geographischen Lage des Gebietes, dessen wirtschaftlicher Lage und anderen ähnlichen Umständen angepaßt werden.

Gewisse Einheiten (communities), die früher dem türkischen Kaiserreich angehörten, haben eine Entwicklungsstufe erreicht, in der ihre Existenz als unabhängige Nation vorläufig anerkannt werden kann, unter der Bedingung von Verwaltungsratschlägen (Administrative advice) und Unterstützung durch eine Mandatmacht bis zu der Zeit, wo sie selbständig sein können (are able to stand alone). Die Wünsche dieser Einheiten müssen bei der Wahl der Mandatmacht die Hauptrolle spielen (principal consideration). — — — In jedem Mandatfall soll die Mandatmacht einen jährlichen Bericht in bezug auf das Gebiet, das ihrer Obhut anvertraut ist, dem Rat einreichen. Der Grad der Autorität, Kontrolle oder Verwaltung, der von einer Mandatmacht ausgeübt wird, soll in jeglichem Fall durch den Rat ausführlich bestimmt werden, es sei denn, daß Mitglieder des Völkerbundes sich schon bereits darüber geeinigt haben.

Eine dauernde Kommission soll gebildet werden, um die jährlichen Berichte der Mandatmächte anzunehmen und zu prüfen und dem Rat Ratschläge zu geben (to advise) in allen Dingen, die die Ausführung der Mandate betreffen. —

Nach Bileski (Palestinahandbuch S. 175) wird in der Völkerrechtswissenschaft die Meinung vertreten, daß durch die Anerkennung dieser Bestimmungen die alliierten Hauptmächte (für Amerika gilt dies nicht) dem Völkerbund die Souveränität über das Mandatsgebiet übertragen hätten, während der Völkerbund der Ansicht ist, daß die Verfügungsgewalt über die Mandatsgebiete auf einen doppelten Rechtstitel beruhe, der einerseits den Völkerbund , andererseits die Hauptmächte berechtige. Während die Hauptmächte nach ihrem Gutdünken Gebiet, Verfassung, Verwaltung usw. bestimmen, liegt dem Völkerbund die Genehmigung und Prüfung ob und die dauernde Kontrolle durch die ständige Mandatskommission.

Zu diesem im Artikel 22 geschaffenen Mandatsstaat ist zu sagen: Mag der Gedanke, von dem der Völkerbund sich leiten läßt, daß diese völkerrechtliche Institution dazu dienen möge, Wohlsein und Entwicklung unselbständiger Völker als heilige Bürgschaft einer modernen Großmacht ans Herz zu legen, einer moralpolitischen Grundlage nicht entbehren, so müssen wir uns jedoch an die durch diesen Artikel in Erscheinung getretene Mandatschaft, wie sie in Wirklichkeit aussieht und wie sie an der Hand dieses Artikels sich bilden konnte, halten.

Und hier sehen wir die Mandatschaft sich entpuppen als ein neues Schlagwort, welches sich würdig an die nunmehr schon abgegriffenen und nicht mehr so wirkungsvollen bisherigen reiht. Es sind dies die pénétration pacifique der Franzosen, die interpenetration der Engländer und die cubanisation der Amerikaner.

Und wenn Pröbster all diese Phrasen als moderne Methoden der Eroberung bezeichnet (D. A. Z. 24. II. 24), so gibt ihm die tatsächliche Instituierung der Mandatstaaten in vielen Punkten eine Berechtigung dazu.

Wenn es im Absatz 5 heißt: „Der Charakter des Mandats muß der Entwicklungsstufe des Volkes, der geographischen Lage des Gebietes, dessen wirtschaftlicher Lage und ähnlichen Umständen angepaßt werden“, so kommt man in die Versuchung zu denken, daß die alliierten Mächte die Mandatschaft wohl allen diesen Umständen angepaßt haben, aber unter Volk und Gebiet das eigene verstanden. Von einer Existenz als unabhängige Nation kann bei diesen intensiven Unterstützungen und Verwaltungsratschlägen, wie ich sie später ausführen werde, nicht mehr die Rede sein. Die Wünsche, die bei der Wahl der Mandatmacht die Hauptrolle spielen sollten, sind nicht berücksichtigt worden, oder kann man die Bittschrift der Bewohner von Antiochia an den Präsidenten der Türkischen Nationalversammlung (D. A. Z. 17. I. 24), die ich als Beispiel wiedergebe und die besser als alles andere für die Richtigkeit meiner Behauptung spricht, als von den Bewohnern gewünscht bezeichnen?

Der Brief lautet folgendermaßen:

S. E. Mustafa Kemal Pascha

Exzellenz!

Blutenden Herzens wollen wir Ihnen unsere Klagen und Bedrängnisse bekannt geben. Die von Tag zu Tag steigenden Bedrückungen der französischen Verwaltung in Alexandrette und Antiochia Ihren Brüdern gegenüber, die Ihnen aus ganzem Herzen zugetan sind, haben nachgerade eine unerträgliche Höhe erreicht. Noch nicht genug, daß alles zerstört und verbrannt ist, will man uns jetzt in die amtlichen Listen Frankreichs als syrische Staatsbürger eintragen. Selbstverständlich können wir dem niemals zustimmen. Aber über unseren Häuptern schwingt eine grausame Hand ein giftiges Schwert. Das Schwert senkt sich in die Herzen aller, die sich Türken nennen. Großer Ghasi! Du hast das türkische Vaterland von einer Welt von Eindringlingen gerettet. Befreie auch uns aus diesem großen Unglück und gib uns für unsere Leiden ein Heilmittel. Gebiete, seit Jahrhunderten in türkischem Besitz, werden von Tag zu Tag zerstört und umgewandelt. Die Eindringlinge ersparen diesem uralten Lande keinen Schimpf und keine Grausamkeit Ihren Brüdern, die ohne Recht und Schutz sind. Helfen Sie uns, helfen Sie! Wir wissen sehr wohl, daß Ihr edler und hehrer Sinn niemals durch seine Zustimmung uns, Ihre Brüder, zu Sklaven Frankreichs machen wird. Wir bezeigen Ihnen unsere tiefe und schmerzerfüllte Verehrung!

Inzwischen ist die Stimmung in Syrien zur Explosion gekommen, ernste Kämpfe mit den Truppen der französischen Mandatsmacht und der Bevölkerung spielen sich in Syrien ab. Auch die Zustände in Palestina werden ähnliche Züge aufweisen, wie ich darlegen werde. Wir werden auch hier den Protest gegen eine der Bevölkerung aufgezwungene Institution finden.

So ergibt sich zusammenfassend, daß der Mandatsstaat, staatsrechtlich eine Institution des Völkerbundes zu Schutz und Rat hilfloser und unselbständiger Nationen, in Wirklichkeit sich als ein Mittel zur friedlichen Durchdringung, zur möglichen Annexion erweisen kann und von den Großmächten im Hinblick eigener, politischer Interessen verwirklicht wurde. Es soll damit nicht gesagt werden, daß die Mandatschaft einem Lande unter solchen Gesichtspunkten in mancher Hinsicht nicht gedeihlich sein kann. Die Wünsche des Mandatsstaats decken sich häufig mit denen des Mandatars, besonders in wirtschaftlichen Dingen, z. B. bei Wegebau, Eisenbahnen usw., während beim Zoll z. B. danz deutlich einseitige Interessenbetonungen des Mandatars in Palestina festzustellen sind. Aber es kommt mir hier darauf an, die wahren Motive klarzulegen, die dieser neugeschaffenen Mandatschaft als neuer Variante einer pénétration pacifique, bei ihrer Errichtung durch die Großmächte, zugrunde gelegen haben.

Die alliierten Mächte bestimmten als Mandatar für Palestina England. Am 24. 7. 1922 wurde der Text des Mandats durch den Rat des Völkerbundes genehmigt. Im Artikel 1 erhält der Mandatar alle Vollmachten der Gesetzgebung und der Verwaltung, soweit sie nicht durch Bestimmungen dieses Mandats beschränkt werden. Artikel 3 legt dem Mandatar die Verpflichtung ob, „den Umständen nach“ die lokale Selbstverwaltung zu fördern. Artikel 2 und 4 regeln zionistische Fragen, die ich gesondert behandle. Artikel 7 sieht ein palestinensisches Staatsbürgerrecht vor. Artikel 8 setzt die Kapitulationen außer Kraft. Artikel 13 und 14 betreffen den Schutz der heiligen Stätten. Artikel 15 die Gewissens- und Glaubensfreiheit. Artikel 17 sieht die Verteidigung des Landes zur Erhaltung von Frieden und Ordnung vor, vorbehaltlich der Aufsicht des Mandatars, jedoch wird im gleichen Artikel der palestinensischen Verwaltung „gestattet“, zu den Unterhaltkosten der vom Mandatar unterhaltenen Streitkräfte beizutragen. Weiter sieht das Mandat allgemein gehaltene Grundsätze der Gleichberechtigung der Bewohner vor. Ausführlich wird im Artikel 21 der Schutz der Altertümer festgelegt. Die

Regierungssprachen bestimmt Artikel 22. Artikel 24 bestimmt die Unterbreitung eines ausführlichen Berichtes, der jährlich überreicht den Völkerbund über die im Verlaufe des Jahres unternommenen Maßnahmen zur Durchführung der Mandatsbestimmungen unterrichtet. Artikel 25 gestattet dem Mandatar die Aufschiebung dieser Bestimmungen für das östlich des Jordans gelegenen Gebietes. Streitigkeiten werden nach dem Artikel 26 dem ständigen internationalen Gerichtshof überwiesen.

Machen wir nun die Art und Weise, wie speziell England Palestina als Mandatsstaat staatsrechlich seinen Imperium einverleibt hat, zum Gegenstand unserer Betrachtung, so ergibt sich folgendes:

Palestina nimmt im britischen Imperium staatsrechtlich die Stellung einer Kronkolonie ein. Es hat eine vom englischen König gezeichnete Verfassung erhalten und steht unter englischer Staatsgewalt. Gesetzgebung und Verwaltung sind nach englischem Gebaren. Die Majorität der Beamten sind Engländer. Alle einflußreichen Stellen sind in englischen Händen, oder es ist auf andere Weise, sei es in der Verwaltung, Gesetzgebung usw. eine entscheidende Vormachtstellung geschaffen. England hat hier den Artikel 22, in welchem einerseits von der Anerkennung einer unabhängigen Nation und andererseits von Verwaltungsratschlägen und Unterstützung des Mandatars gesprochen wird, so ausgelegt, daß es das Land, soweit es nicht durch die Bestimmungen des Mandats gebunden ist, nach Grundsätzen eigenen Staatsrechts verwaltet, obwohl das Land englischer Souveränität nicht untersteht. In der Präambel der palestinensischen Verfassung tritt es klar durch die Bezugnahme auf die britische Foreign Jurisdiction Act von 1890 hervor, wonach The King in council die höchste gesetzgeberische Instanz ist. Auch werden wir bei der Durchsicht der Verfassung wiederholt auf die Betonung dieser Tatsache hinweisen können. Die Verfassung, die als Palestinaverordnung von 1922 zitiert ist, und am 10. August 1922 im Buckingham Palace gezeichnet wurde, bezieht sich grundlegend auf den Artikel 22 der Völkerbundakte. Nachdem im ersten Teil der Verfassung die Begriffsbestimmungen festgelegt sind, wobei unter Mandat das vom Rate des Völkerbundes am 24. 7. 1922 bestätigte Mandat verstanden wird, dessen Bestimmungen zugleich festgesetzt wurden, erfolgt im zweiten Teil die Darlegung der Exekutive. An die Spitze ist ein vom König bestellter High Commissioner an Commander in Chief gestellt (z. Z. Herbert Samuel). In dieser Eigenschaft untersteht er den Verordnungen der britischen Krone und ist weiter an die in Palestina in Kraft befindlichen Gesetze und Verordnungen gebunden (§§ 4 und 5). Die Form seiner Vereidigung richtet sich nach der „Novelle zum Gesetz über eidliche Versprechungen" neben den üblichen amtlichen Amtsgelöbnissen (§ 6). In den nächsten Abschnitten wird seine Nachfolge und seine Vertretung geregelt (§§ 7 und 8). § 10 bestimmt den Staatsrat (Exekutive Council), der auf königliche Weisung gebildet werden soll. Es folgen Bestimmungen über Grenz- und Bezirkseinteilungen (§ 11). Im § 12 werden die Staatsländereien mit sämtlichen Rechten dem Oberkommissar anvertraut, desgleichen die Bergwerke und Bodenschätze. Der Oberkommissar wird weiter zu Schenkungen von Land ermächtigt, soweit sie sich in Uebereinstimmung mit den Regierungsverordnungen und Gesetzen hält. Den Schluß des ersten Teils bildet die Regelung verwaltungstechnischer Fragen, wie Beamtenernennungen (§ 14), Suspendierung derselben, Begnadigung und Erlaß von Geldstrafen (§ 16). Der III. Teil der Verfassung regelt die Gesetzgebung. In ihm wird ein Gesetzgebender Rat festgelegt (Legislative Council). Hier sind für uns die ihm gegebenen Befugnisse von Wichtigkeit. Ueber sie sagt der § 18:

Der Gesetzgebende Rat soll ohne Präjustiz für die seiner Majestät zukommenden oder durch diese Verordnungen vorbehaltenen Rechte und, immer unbeschadet aller durch Instruktion unter seiner Majestät Brief und Siegel vorgeschriebenen

Bestimmungen und Beschränkungen, vollständige Vollmacht und Befugnis haben. — Der Rat besteht aus 22 Mitgliedern nebst dem Oberkommissar, von welchem 10 beamtete Regierungsmitglieder sind, während die übrigen 12 durch die Wahl zu bestimmen sind. Die 10 beamteten Mitglieder sind: Der Obersekretär, der Generalanwalt, der Schatzmeister, der Generalinspektor der Polizei, der Direktor des Gesundheitswesens, der Direktor für öffentliche Arbeiten, der Direktor des Erziehungswesens, der Direktor der Landwirtschaft, des Zollwesens und von Handel und Industrie. § 22 schränkt seine Tätigkeit weiter ein durch die Bestimmung, daß der Oberkommissar jederzeit durch Kundmachung den Rat vertagen oder auflösen kann bis zum Ablauf von 3 Jahren nach dem Zeitpunkt seines ersten Zusammentrittes. Die Paragraphen 24—28 enthalten weitgehende Einschränkungen. § 24: Kein Erlaß soll in Kraft treten, bevor entweder der Oberkommissar seine Zustimmung dazu gegeben und ihn zum Zeichen dieser Zustimmung unterzeichnet hat, oder bevor die Zustimmung Seiner Majestät durch Regierungsverordnung oder durch einen Staatssekretär gegeben wurde. § 25: gestattet die Verweigerung der Erlasse durch den Oberkommissar. § 26 bestimmt den Vorbehalt der Erlasse. Diese Erlässe bedürfen der Zustimmung des englischen Königs oder seiner Vertreter. § 27 gibt dem englischen König das Recht zur Aufhebung der beschlossenen Erlasse. Schließlich legt die Verfassung im § 28 auch die Finanzmaßnahmen ausschließlich in die Hände des Oberkommissars. Man fragt sich mit Recht: Kann man hier von einer Volksvertretung sprechen? Welche Maßnahmen sind dem legislativen Council denn noch vorbehalten und welche Maßnahmen unterliegen nicht bedingungslos dem Willen des Mandatars? Ist es nicht zu verstehen, wenn, wie ich später ausführen werde, die arabische Mehrheit die Wahlen, mit denen sie dies System, welches ihr nicht die geringste Selbstbestimmung gestattet, anerkennen würde, sabotiert hat?

Der IV. Teil bestimmt die Anwendung der Foreign Juristiction Act von 1890 für Palestina mit gewissen Ausnahmen. Im Teil V wird die Rechtsprechung geregelt. Auf diese bin ich im Kapitel I Abschnitt 6 ausführlich eingegangen, so daß sich hier eine Erörterung erübrigt. Bemerkenswert ist auch hier die im § 44 festgesetzte Berufung an S. M. im Kabinettsrat. Ueber die Rechtsnormen ist im § 46 gesagt, daß unbeschadet der in Kraft befindlichen osmanischen Rechtssätze die Rechtsprechung in Uebereinstimmung mit dem Wesen des gemeinen Rechts und den Billigkeitsnormen, wie sie in England in Kraft stehen, ausgeübt werden soll. § 50 setzt fest, daß ohne schriftliche Zustimmung des Oberkommissars kein Prozeß gegen die Regierung oder ein Departement anhängig gemacht werden kann. In den §§ 60—63 wird den Ausländern eine Mehrheit britischer Richter zugestanden. Aus § 68 geht hervor, daß der Oberkommissar durch die Jurisdiction Act Vollmacht hat, Verbrecher zu deportieren, § 69 gestattet ihm die Ausweisung politischer Verbrecher. § 70 stellt die Unzulänglichkeit einer Berufung hiergegen fest. Teil VII handelt von der Bestätigung von Erlassen und der Amnestie. Teil VIII setzt unter Allgemeines die Amtssprachen fest (es sind dies englisch, arabisch und hebräisch). § 84 regelt die Einwanderung. Sie wird einer Kommission übertragen, bei welcher im Falle von Meinungsverschiedenheiten zwischen Oberkommissar und Kommission der britischen Staatssekretär die endgültige Entscheidung zu fällen hat. § 86 schließt das Ostjordanland von dieser Verordnung aus, § 89 bestimmt noch einmal ausdrücklich das Gesetzgebungsrecht der englischen Krone.

Fasse ich nun die durch diese Verfassung gegebene völkerrechtliche Stellung Palestinas als selbständiges Staatengebilde zusammen, so ergibt sich, daß die Mitwirkung der Bevölkerung bei der Ausübung der Staatsgewalt gleich Null ist, ihr steht lediglich das Recht zu, an den Völkerbund zu appellieren und unter den schon angeführten Bedingungen Vertreter in das legislative Council zu entsenden. Ist an sich durch den Wahlmodus, der zwei Wahlgänge vorsieht, und durch das Gegengewicht von 10 beamteten Mitgliedern der Regierung gegenüber den 12 gewählten im Council, der Einfluß dieses Parlamentes sehr gering, so wird er dadurch, daß seine Beschlüsse der Sanktion durch den High Commissioner oder die britische Krone unterliegen, zu einem Scheingebilde parlamentarischer Vertretung. Selbst die Budgetbewilligung, das wichtigste Recht eines Parlamentes, ist völlig ausgeschaltet. Die englischen Beamten sind in ihrer Eigenschaft als Leiter der Staatsämter allein der britischen Krone verantwortlich. Nach dem hier angeführten glaube ich meine Behauptung der Homogenität des britischen Mandatsstaates mit einer britischen Kronkolonie genügend bewiesen zu haben, auch wenn man nach außen hin, z. B. daß man im Postverkehr England als Ausland betrachtet, diese Tatsache energisch zu verschleiern trachtet. Ich gehe nun zu der Frage über: Welche Rolle ist diesem Mandatstaat in der britischen Weltpolitik zugewiesen?

C. Palestina im Rahmen englischer Weltpolitik.

1. Gibraltar.

Will es auch auf den ersten Augenblick erscheinen, als ob ich mit der nun beginnenden, weitausholenden Betrachtung englischer Weltpolitik von dem eigentlichen Thema „Palestina“ abweiche, so hoffe ich doch, in dem folgenden den Nachweis bringen zu können, wie eng diese Fragen mit der Zukunft Palestinas zusammenhängen, ja wie diese Fragen in erster Linie entscheidend sind für eine gedeihliche wirtschaftliche Entwicklung des Landes.

Nach der Ausschaltung von Deutschland als ernst zu nehmendem Faktor der Weltpolitik hat sich der Schwerpunkt englischer Politik von der Kontinentalpolitik zur Mittelmeerpolitik verschoben. England hat, wie ich ausführen werde, das größte Interesse an einer Vormachtstellung im Mittelmeer und trifft hier auf die ernstliche Gegnerschaft Frankreichs. Betrachten wir die Etappen

Englands im Mittelmeergebiet — Gibraltar, Malta, Suez — und die von ihm in Besitz gehaltenen Gebiete — Aegypten, Palestina, Mesopotamien —, so ergibt sich schon aus ihrer geographischen Lage, daß sie für England neben dem selbstverständlichen Petroleuminteresse in Mesopotamien und Persien, den Lebensnerv nach Indien bedeuten. Es ergibt sich die Fragestellung: Wie weit kann England diese einzelnen Etappenplätze in ihrer Existenz als gesichert betrachten? Wie weit ist die Sicherheit dieser Route durch Frankreich (denn eine andere Großmacht kommt nicht in Frage) bedroht? Beginnen wir mit der Meerenge von Gibraltar.

Ein gesicherter Besitz Palestinas mit samt den anderen englischen Gebieten ist schlechterdings auf die Dauer unmöglich ohne die gewährleistete freie Durchfahrt durch die Meerenge von Gibraltar. Frankreich ist nach der Zertrümmerung Deutschlands zu der Politik des — lac français — zurückgekehrt und kann schon in dieser kurzen Zeit auf einen äußerst erfolgreichen Abschnitt dieser Politik zurückblicken. Den Schlußstein derselben bildet — und das ist mit der gefahrdrohenden Spitze gegen England in England sehr wohl erkannt worden — die Tangerkonvention! Bevor ich diesen Schlußstein französischer Politik einer Betrachtung unterziehe, sei mir der allgemeinen Uebersicht wegen gestattet, kurz auf die bisherige Mittelmeerpolitik Frankreichs einzugehen. Wir sehen Frankreich an der Spitze der Verdrängungspolitik Englands aus der Sphäre der Mittelmeerpositionen. Diese Politik genauer spezifizieren, heißt sie als eine Abdrängung Englands von den Randgebieten des Mittelmeeres auf die rein maritime Sphäre bezeichnen. Der Preis, den England an Frankreich vor dem Krieg dafür bezahlte, daß sich Delcassé bereitfand, die Einkreisung Deutschlands mit zu übernehmen, bestand in Nordwestafrika. Im Jahre 1904 wurde Frankreich die Sahara zugesprochen und es erhielt freie Hand in Marokko, der Keimzelle seines an Ausdehnung ständig zunehmenden afrikanischen Kolonialreiches, welches von ihm immer enger mit dem Mutterlande verknüpft wird. Nun erkennt England allerdings nach der Zerschmetterung Deutschlands, daß der Preis, welchen es hierfür an Frankreich gezahlt hat, zu hoch gewesen, denn Gibraltar gegenüber sieht England mit wachsender Besorgnis ein Franco-Afrikanisches Reich aufwachsen, welches gerade in neuester Zeit durch äußerst geschickte Ausnutzung politischer Momente sich des letzten Bollwerkes zu sichern vermochte — durch die Tangerkonvention, welche die Position Frankreichs zu der ausschlaggebenden in der Meerengenfrage gemacht hat. Man ist sich in England völlig klar darüber, daß durch diese neueste Entwicklung Gibraltar zu einer Ruine herabgesunken ist. Ich führe hierfür eine bezeichnende Bemerkung des Korrespondenten der Daily Mail, Ward Price, an, der als franzosenfreundlich und sehr gut orientiert bekannt ist: „Die Unterzeichnung der im Dezember 1923 in Paris ausgearbeiteten Tangerkonvention durch Spanien am 7. II. 1924 drückt den Wert von Gibraltar auf denjenigen eines Stückes im britischen Museum herab. Ehrwürdig, aber ungefährlich ein Colonial tower of London — und die Kontrolle der Meerengen geht auf Tanger über —. So zahle man nach 240 Jahren den Preis für eine der größten Dummheiten in der Geschichte des englischen Weltreiches: Die Preisgabe des ehemals englischen Tanger im Jahre 1684. Tanger an vitaler Bedeutung für den Weltverkehr und strategisch auf einer Stufe mit Suez, Singapore, Panama stehend, schlage nun, von der Natur besser für den Bau eines Tiefseehafens ausgestattet, der die Verwendung der modernsten kriegstechnischen Mittel gestattet, Gibraltar mit seiner veralteten Felsenzitadelle aus dem Felde. Unterseeboote, auf Tanger sich stützend, könnten die Meerenge völlig schließen, schwere Geschütze, in Tanger aufgestellt, die enge Durchfahrt ganz unter Feuer halten, und dem Bombenregen der von Tanger aufsteigenden Flugzeuge würde der von Kasematten unterwühlte, auf eine viel ältere Kriegstechnik berechnete Festungsfelsen nicht lange standhalten.“ Dann weiter: „Wenn erst einmal Tanger mit einer modernen

Ausrüstung von Häfen und Eisenbahnen versehen ist, werde da eine kriegführende Macht der Versuchung widerstehen können, die Neutralität Tangers zu verletzen und sich damit den Schlüssel für das gesamte Mittelmeer zu sichern?" —

Somit hat sich Frankreich den ungehinderten Verkehr mit Nordafrika fest gesichert, außerdem hat es die Möglichkeit, die Meerenge nach Belieben für andere Mächte abzuriegeln. Für ein Frankreich, das in seiner Bedeutung als Großmacht auf die Dauer nur dann bestehen kann, wenn es sich, unter Hinwegsetzung aller schwerwiegenden Bedenken auf die wirtschaftlichen Quellen Afrikas, auf eine Transfusion des afrikanischen Bevölkerungselementes und auf farbige Truppen stützt, ist die Tangerfrage eine Lebensfrage und darüber hinaus der Schlüssel, mit dem es imstande ist, den lac français zuzuschließen resp. England auszuschließen. Wie weit diese Entwicklung Frankreichs von weitsichtiger Politik getragen ist, geht aus dem sehr ernst zu nehmenden Plan der Saharabahn hervor, die abseits von der Reichweite britischer Schiffsgeschütze in das Herz Afrikas und seiner Hilfsquellen führt. Von der Erwägung ausgehend, daß hier im Westzipfel des Mittelmeeres der Schlüssel einer erfolgreichen Mittelmeerpolitik liegt, nimmt Frankreich seine Orientverluste in Kauf, um sich desto sicherer an diesem Westzipfel zu verankern. Es würde zu weit führen, wollte ich im Rahmen dieser Arbeit auch noch das diese Politik stark unterstreichende Flottenbauprogramm Frankreichs anführen, dessen Konstellation speziell in seiner Verbindung mit Luft- und Unterwassersteitkräften der Sicherung dieser Position Rechnung trägt. Wie schmerzlich man in England das durch die Tangerkonvention geschaffene fait accompli empfindet, spürt man durch die englische Presse stark hindurch. So schreiben Times: „In der Verkleidung der Internationalisation wird Frankreich nunmehr die Tangerzone regieren — — —" und „durch die ganzen 56 Artikel der Konvention ziehen sich die Anzeichen französischer Präponderanz." „Die Uebernahme der diplomatischen Vertretungen der Sultansuntertanen auch in

Tanger durch Frankreich eine der vielen unzweifelhaften Symptome für die weitere Absorption der Tangerenklave in das französische Marokkoprotektorat. — — — Virtuelle Beherrschung der Tangerzone durch Frankreich — — — usw. Landbefestigungen in Tanger sind nach der Konvention nicht mehr verboten. Frankreich und Spanien steht der Hafen für Kriegstransporte offen unter einigen unbedeutenden Einschränkungen. Der Hafen von Tanger wird mit der Majorität französischen Kapitals großzügig ausgebaut. So kann man die in der Tangerkonvention garantierte Neutralität als eine Phrase bezeichnen und Tanger mit Recht als die Hand an der Kehle Englands im Hinblick auf seine Mittelmeerposition erblicken.

Um zu der eigentlichen Absicht dieser weitausholenden Betrachtung zurückzukehren, glaube ich dargelegt zu haben, daß in der Herrschaft über die Meerenge von Gibraltar sich weltpolitisch betrachtet, die Zukunft der englischen Mittelmeerländer, das Schicksal Palestinas entscheidet. Daß die neueste politische Entwicklung leicht zu ungunsten Englands ausfallen kann, hoffe ich durch diese Untersuchungen erwiesen zu haben.

Es würde zu weit führen, wollte ich im einzelnen weiter die Zunahme der mediterranen Interessensphären Frankreichs behandeln. Es sei hier nur kurz auf die italienisch-spanische Annäherung unter französischer Aegide hingewiesen und die neusten Versuche Englands, diese Gruppierung zu vereiteln (italienischer Königsbesuch in England, Eskortierung des Schiffes durch ein ganzes Schlachtgeschwader, Besuch des rumänischen Königspaares in London usw.).

2. Malta.

Gehen wir nun dazu über, den zweiten Stützpunkt englischer Macht zum Gegenstand unserer Betrachtung heranzuziehen — Malta. Es ist selbstverständlich, daß England dieser ihm ungünstigen Entwicklung nicht mit untätigen Händen gegenübergestanden hat. Der Kern englischer

Gegenmaßnahmen blieb aber — und dies wird schmerzlich in England empfunden — auf die maritime Zone beschränkt, wenn man nicht die zwar dazugehörige, aber fernerliegende Ausschaltung Frankreichs und des französischen Einflusses in der Türkei durch England hinzurechnen will. Während in den Jahren 1913/14 die Entente es England gestattete, den Schwerpunkt seiner maritimen Streitkräfte nach der Nordsee zu legen und Frankreich den Schutz des Mittelmeeres zu überlassen, setzt nach Friedensschluß eine Massierung der gesamten Seestreitkräfte Englands nach dem Mittelmeer ein. Mehr als die Hälfte der vorhandenen Einheiten sind nach Malta verlegt und, was besonders zu betonen ist, die stärksten und modernsten Kräfte sowohl der Queen Elizabeth- als auch der Royal Sovereign-Klasse, die mit 380-mm-Geschützen den stärksten französischen Kräften überlegen sind. Weiter eine Unterseebootsflottille, die offensichtlich gegen Frankreich zum ungehinderten Durchgang der Gibraltarenge — (man hat nicht umsonst an den Taten deutscher Unterseeboote im Kriege gelernt) gerichtet ist. So ist der alte Zustand von 1904 vor der Einkreisungspolitik gegen Deutschland wieder erreicht: Englischen und französischen Interessen wird auf beiden Seiten durch gewichtige Kräftedemonstrationen der nötige Nachdruck verliehen. England war diese aufsehenerregende Umgruppierung nur möglich durch Freiwerden der früher in der Nordsee gebundenen Streitkräfte und ferner dadurch, daß durch seine sich immer enger gestaltende Interessengemeinschaft mit Amerika, wobei England durch die Flottenbasis Singapore Amerika die Vertretung seiner Interessen gegenüber Japan ermöglicht, Amerika als Gegenleistung den Schutz britischer Interessen wahrnimmt und die bisher im Atlantischen Ozean stationierten Kräfte freiwerden läßt. Dieses Einvernehmen wird in neuester Zeit dadurch bestätigt, daß Amerika die Tangerkonvention nicht ratifiziert hat.

3. Der Suezkanal.

Die Lage verschiebt sich wieder sehr zu ungunsten Englands, wenn wir zur Betrachtung des Suezproblems schreiten, wobei wir sogleich wieder in direkte Beziehungen zu Palestina treten werden. Der Schutz des Suezkanals ist, wie ich durch die Kräfteverteilung der maritimen Einheiten vor Malta dargelegt habe, zur See voll gewährleistet. Anders ist die Lage zu Lande. Während der eine Flankenschutz — Aegypten — wie ich ausführen werde, in zunehmendem Maße illusorisch zu werden droht, sah sich England gezwungen, nachdem es die Wüstengegend der Sinaihalbinsel durch Eisenbahnen, Wasserleitung und Telegraph im Kriege mit Palestina verbunden und so sich dieses natürlichen Flankenschutzes der unpassierbaren Wüste beraubt hat, Palestina selbst als Glacis für den Suezkanal auszubauen und sich zu sichern. Die strategische Bedeutung Palestinas als Glacis für den Suezkanal ist in England klar erkannt worden und nur über die Methoden des Schutzes kann man sich in neuester Zeit nicht einig werden. Hinsichtlich Aegyptens sei nur kurz darauf hingewiesen, daß England dem wachsenden nationalistisch-arabischen Druck nachgebend, Aegypten Schritt für Schritt seine Selbständigkeit zurückgeben muß. Dies tat England durch die Proklamation vom 28. II. 1922, nachdem es sich im Sudan eine feste Position geschaffen hat, woselbst es durch erbarmungslose Stauung des oberen Nils ganz Aegypten die Lebensader abdrosseln kann, so daß das Land auch weiter auf Englands Gnade angewiesen ist. Aber der äußerst fähige und weitsichtige ägyptische Führer, Zaghlul Pascha, hat diese Gefahr klar erkannt und wird in den kommenden englisch-ägyptischen Verhandlungen (deren Zustandekommen die Engländer ausschließlich von der Ausschaltung der Sudanfrage abhängig gemacht haben) auch den Sudan mit in seine Forderungen einbeziehen und so ein Scheitern der Verhandlungen herbeiführen. Es ist nicht ausgeschlossen, daß hinter Zaghlul Pascha französische Interessen stärkend stehen, wenn er für Aegypten selbst als selbständigen Staat den Schutz der Neutralität des Suezkanals, der im Suezkanalabkommen von 1888 garantiert ist, statt durch England fordert. Sollte es der geschickten Politik Zaghlul Paschas gelingen, diese Fragenkomplexe vor den Völkerbund zu bringen, so dürfte sich für England eine einigermaßen prekäre Situation ergeben, bei welcher Frankreich Aegypten energisch den Rücken decken wird.

Ganz offensichtlich offenbart sich diese von mir dargelegte Einstellung Zaghlul Paschas neuerdings in einem Interview mit Dr. Walter Hagemann, Kairo, vom 4. VI. 1924 (Voss. 24. VI.), dem ich folgende bezeichnenden Sätze entnehme: „Weder die Akte vom 28. II. noch auch die sonstigen Zusicherungen Englands könne er als befriedigende Lösung der ägyptischen Frage anerkennen. Alle feierlichen Zusicherungen seien zwecklos, solange nicht deren praktische Durchführung auf dem Fuße folge. — Der Nil müsse aufhören, ein englischer Strom zu sein, und die Verkehrswege müßten der ägyptischen Oberhoheit zurückgegeben werden. Er sehe nicht ein, warum der Suezkanal unter ägyptischer Verwaltung schlechter aufgehoben sein sollte, als unter der der Engländer. Gehöre doch zu dem Begriff der Souveränität auch die Beherrschung der wichtigsten Grenzstraßen und Durchfahrten. Nicht eher aber könne man von einem freien Aegypten sprechen, als bis der Sudan den Aegyptern zurückgegeben werde, dessen Besitz die Herrschaft über Aegypten bedeute. Der Nil ist der einzige und größte Reichtum des Landes, und wie leicht würde es sein, im Sudan jeden Tropfen Nilwassers in den riesigen Staubecken abzufangen, Aegypten würde töricht handeln, sich in diesen Fragen, die seinen ganzen Bestand in Frage stellen können, auf Abmachungen und Versprechungen zu verlassen.“ Zur Kalifatsfrage äußert er sich wie folgt: „Weder Hussein, König im Hedschas, noch Faisal, König in Mesopotamien, hätten Anspruch auf den Titel eines Kalifen, denn ein Kalif herrsche unumschränkt, sie aber seien nur Herrscher eines beschränkten Gebietes.“

Diese Tatsache zeigt also, wie wenig zuverlässig der Flankenschutz Aegyptens für den Suezkanal zu betrachten ist, und wie England allen Grund hat, ein starkes Palestina zu schaffen. Auch hier hat die neueste Entwicklung der ägyptischen Frage eine rasche Bestätigung meiner Ausführungen gebracht. In Aegypten und Sudan lodern Unruhen auf, bei welchen England durch den raschen und zahlenmäßig hohen Einsatz von Streitkräften zeigt, daß es sich der Bedrohung seiner Lebensader sehr wohl bewußt ist. Die Verhandlungen mit Zaghlul Pascha sind gleichfalls ergebnislos verlaufen.

Man hat nach Kriegsende ein starkes, englandfreundliches Palestina durch die Balfourdeklaration zu schaffen geglaubt, die Palestina zu einer nationalen Heimstätte der Juden machen sollte. Man ging von dem Gedanken aus, ein derartiger jüdischer Nationalstaat von Englands Gnaden ist geeignet und kräftig genug, die bedrohte Situation des Suezkanals wieder zu festigen. Es muß aber hier festgestellt werden, daß dieser Gedankengang sich bis jetzt als ein Trugschluß, ja als ein politischer Fehler erwiesen hat. Der Zionismus hat sich nicht in der Weise entwickelt, daß er als Machtfaktor in der zu 80% aus Arabern bestehenden Bevölkerung in Frage käme, geschweige, daß sein Einsatz genügen würde, den Schutz des Suezkanals zu garantieren. Aber es handelt sich gar nicht allein um den Schutz des Suezkanals. Palestina ist auch der Ausgangspunkt des Landweges nach Indien. Führt doch schon jetzt eine Autoverbindung von Haifa nach Bagdad, der eine Eisenbahn (der Bau derselben ist durch Kontrakt vom 16. V. 1916, den Frankreich unter dem Druck von Verdun schloß, England vorbehalten, s. Pierre Liautey „Le drame orientale et le role français") und eine Petroleumleitung und der großzügige Ausbau des Hafens von Haifa folgen wird. So sehen wir das vitale Interesse Englands an Palestina eminent stark hervortreten, dem auf der anderen Seite nicht genügend Sicherheiten, die ihm den ungestörten Besitz im vollen Maße garantieren, gegenüberstehen. Zu der gleichen Zeit, wo die stockende und zeitweise hoffnungslose Lage des Zionismus deutlich hervortrat, setzte sich immer stärker und eindringlicher die panarabische Bewegung durch. Sofort verläßt England seinen rein zionistischen Standpunkt und ist nun bestrebt, seinen Einfluß auf die Araberstaaten von Aegypten, Palestina, ja auch Syrien und Mesopotamien erneut zu konsolidieren und den auf die Dauer unter der Wucht des andrängenden Großarabertums zur Wirkungslosigkeit verurteilten zionistischen Flankenschutz des Suezkanals durch etwas Dauerhafteres zu ersetzen, zugleich auch den Kampf aufnehmend gegen das französische Syrien, das im Rahmen der französischen mediterranen Politik (Ausbau des Hafens Alexandrette zu einem zweiten Biserta) eine gleiche Bedrohung des Suezkanals, besonders aber auch des Landweges nach Bagdad bildet. Dieser Umschwung der englischen zionistenfreundlichen Politik zur araberfreundlichen Politik kann klar bewiesen werden. Vor allem ist es die konservative Richtung in England, die diese Politik fordert. So richtet am 7. Mai 1924 Lord Raglan im englischen Oberhaus eine Anfrage an die Regierung in der es unter anderem heißt: „Ob es die Politik der Regierung sei, zu versuchen, die Völker Palestinas mit der zionistischen Tyrannei (to Zionist tyranny) dadurch zu versöhnen, daß sie eine noch schlimmere Tyrannei in Transjordanien errichte!" — Wir sehen hier offene Parteinahme für arabische Interessen. So konstatiert weiter Miß Ethel Snowden in ihrem zweifellos stark zionistenfreundlichen Aufsatz in der Empire Review vom April 1924 folgendes: „Ich bin überzeugt, bei einem solchen Tatsachenmaterial, wie es in meine Hände gekommen ist, daß die politischen Unruhen (antizionistische) erstickt wären, wenn sie nicht durch die Tätigkeit gewisser britischer Bewohner in Palestina und gewisser englischer Politiker in England ermuntert worden wären." Dann weiter: „Ein Glied der arabischen Delegation, mit welchem ich in Jerusalem sprach, erhob stolz den Anspruch, daß er und seine Genossen England an seine Seite gewonnen hätten!" Sie plädiert für ein starkes Judentum unter englischer Herrschaft und führt zum Schluß als Folgen einer Aufgabe dieser

Politik aus: „Frankreich oder Italien würde in unsere Fußtapfen treten. Die Halsschlagader des Empire the Suez Canal — would be at the tender mercies of present Allies but potential enemies — würde diesen jetzt Verbündeten aber eventuell späteren Feinden ausgeliefert werden." Diese Schwenkung zur araberfreundlichen Politik, die sich schon in dem Anglo-Irak-Vertrag ausgewirkt hat, wodurch die britische Regierung den König Faisal für berechtigt erklärt, selbständiges Völkerbundsmitglied zu werden (an dieser Stelle sei angeführt, was mir ein Engländer einmal treffend sagte: „England treibt jetzt Völkerbundpolitik, solange der Völkerbund englische Politik treibt, erst wenn dies nicht mehr der Fall, wird England zur alten Gleichgewichtspolitik, wenn auch sehr ungern, zurückkehren!"), die weiter Transjordanien unter Abdulla gleichfalls als unabhängig erklärt, wird zu der panarabischen Bewegung weiter herumschwenken, um in ihr sich einen starken Schutz für engliche Interessen zu schaffen. Nicht nur, daß diese Politik sich folgerichtig in den großen Rahmen englisch-mohammedanischer Pläne einreiht, die in Indien, Aegypten, Persien und Mesopotamien ihren Widerhall finden, sie hat auch dadurch, daß sie das herrenlose Kalifat rechtzeitig Hussein übertrug und ihn, wie ägyptische Zeitungen zynisch bemerken, zum Kalifen von Reuters Gnaden gemacht hat, ein gewisses englisch-mohammedanisches Supremat geschaffen, welches durch diesen auf religiösem Gebiet liegenden Zusammenhang eine einheitliche feste Grundlage erhält. Einer arabischen Abordnung wurde gestattet, 1921 nach London zu kommen und ihre Beschwerden vorzubringen. Auf die einzelnen Punkte, die diese Entwicklung im lokalen Rahmen nachweisen, werde ich bei der Besprechung des Zionismus und der arabischen Bewegung kommen.

Bevor ich diesen Abschnitt aber beschließe, will ich noch kurz die Rolle Frankreichs und Italiens und ihre politische Stellungnahme zu dem Palestinaproblem besprechen. Frankreich, vorläufig noch im Besitz von Syrien, betreibt von hier aus eine rege, englandfeindliche Propaganda. Nachdem Frankreich den von England in Damaskus eingesetzten Faisal vertrieben hatte (den England bezeichnenderweise sofort als König von Mesopotamien wieder einsetzte), wühlt es propagandistisch gegen eine englisch-arabische Machtkonstellation. Die Einfälle der Beduinenstämme von Osten her in das Land kann man getrost als französische Inspiration buchen, und noch deutlicher wird die Stellung Frankreichs decouvriert durch den von Groppa (die Getreidewirtschaft Syriens und Palestinas seit dem Weltkriege) wiedergegebenen Geheimvertrag, wonach Frankreich mit dem Herrscher von Nedschd, Ibn Saud, einen Vertrag abgeschlossen hat, der Unterstützung durch Waffen, Munition, Geld und militärische Hilfe vorsieht, wenn er von dem Hedschas oder von Mesopotamien aus angegriffen würde. Dieser Vertrag sieht eine Vergrößerung des Gebietes von Saud vor und eine Ausdehnung des französischen Syriens über den Hauran hinaus, so daß sie zu Grenznachbarn werden. Damit wird der englische Landweg nach Bagdad abgeschnitten. Ferner soll der Vertrag bestimmen, daß Ibn Saud sich nach Möglichkeit der Bildung einer arabischen Föderation unter der Führung Großbritanniens widersetzen soll. Saud soll ferner sich verpflichtet haben, Frankreich in Syrien militärisch zu unterstützen, wenn es von Mesopotamien aus angegriffen werden sollte. Man geht wohl nicht fehl, wenn man die siegreichen Kämpfe der Wahabiten, die schließlich in jüngster Zeit zur Einnahme von Mekka und der Vertreibung und Absetzung Husseins führten, auf die zugesicherte französische nur zu wohlwollende Neutralität mit zurückführt. Die Engländer werfen den Franzosen weiter vor (Times nach Jüd. Rundschau 24. 6. 25), daß sie für eine Vereinigung von Syrien und Palestina unter französischem Protektorat Propaganda machten. Frankreich unterstützt auch den Vatikan in seinen antizionistischen Bestrebungen. Aeußerst unangenehm kam Frankreich die Proklamation Husseins zum Kalifen und das Berliner Tageblatt teilt unter dem 1. 7. 24 folgendes aus Konstantinopel mit: „Ein Kalifat in Damaskus unter französischer Aegide!" Hier erhellt sich ein Gerücht, das schon den Weg in die Presse gefunden hat, daß Exsultan Abdul Medjid unter französischem Schutz das Kalifat in Damaskus ausüben werde. Nach meinen Informationen liegen dem Gerücht tatsächliche Pläne und vorbereitende Besprechungen zugrunde. Die finanziell außerordentlich mißliche Lage des Exsultans veranlaßt ihn, die sich ihm bietende Möglichkeit auszunutzen. Ob Frankreich durch einen solchen Schritt die Sympathie der Araber gewinnen wird, ist fraglich. Die in Kairo erscheinende Zeitung Al Muktam bringt die bestimmte Nachricht, daß England, Amerika und Italien an Frankreich das Ersuchen gerichtet haben, Syrien sofort zu räumen. Wenn diese Nachricht wahr ist, so steht sie wohl im Zusammenhang mit den französischen Kalifatsideen. Es sei dahingestellt, wie weit diese Nachricht durch Unterlagen bekräftigt werden kann, soviel steht aber fest, Frankreich hat versucht und versucht es auch weiter wie ich durch folgendes Interview von W. Weisl bei dem neuen Kalifen Hussein belegen kann, diesen ihm so sehr unangenehmen Schachzug Englands zu parieren. So erwidert der Kalif Hussein auf eine Frage von Weisl: „Nachdem, was ich weiß, handelt Paris in ganz anderem Sinne gegen uns. Ja, man hat sogar verhindert, daß Depeschen, Briefe und sonstige Kundgebungen aus Syrien, die uns als Kalifen anerkennen, uns zugeschickt werden. Emir Ali wiederholt ziemlich erregt auf französisch: On a intercepté toutes les dépêches, toutes les lettres venant de Syrie au sujet du rachat. Tout de même, le rachat est arrivé dans des enveloppes spéciales. (Man hat alle aus Syrien abgesandten Depeschen und Briefe über den Rachat abgefangen. Trotzdem traf der Rachat, die Zustimmung zur Kalifatswahl, in besonderer Verhüllung ein.)" Immer wieder sehen wir aus den angeführten Beispielen, — und ich könnte sie um viele weitere vermehren — wie in dem schon brüchig gewordenen Gebäude der Entente cordiale allenthalben der Brand unüberbrückbarer Gegensätze schwelt, der an manchen Stellen hervorzulodern droht, um immer noch einmal durch bindende gemeinsame Interessen gegen Deutschland gekittet zu werden. Bis?

Neben dieser stark positiv sich auswirkenden Politik Frankreichs, England in seiner Mittelmeerstellung zu erschüttern, erweist sich Italiens Einfluß als nicht so bedeutend. Sein Einfluß erstreckt sich durch seine religiösen Beziehungen und durch seine Dampferlinien, auch seiner günstigen Lage wegen mehr auf religiöse und wirtschaftliche Interessen ohne die englische Politik irgendwie ernstlich zu durchkreuzen.

Bevor ich diesen weitausholenden Abschnitt verlasse und auf die im Lande sich auswirkenden lokalen Bewegungen, Zionismus, Araberfrage, christliche Frage usw. eingehe, fasse ich noch einmal das Ergebnis desselben folgendermaßen zusammen: Das Schicksal Palestinas wird durch weltpolitische Interessen der Großmächte in erster Linie bestimmt. Im Brennpunkt der englischen Interessensphären gelegen, hat England das größte Interesse, es zu einem starken Faktor zum Schutze vitaler englischer Positionen auszubauen. Gelingt es doch noch dem Zionismus sich das Supremat über Palestina anzueignen, wird England nicht zögern, dieser Macht den Vorzug vor dem etwas unsicheren arabischen Element zu geben, doch erscheint es mir, als ob diese ausführlich dargestellte weltpolitische Einstellung Englands zum Arabertum und zum Islam überhaupt nach und nach die palestinensische Politik in arabisches Fahrwasser leitet und eine Großarabische Union unter englischer Aegide der zionistischen Herrschaft vorziehen wird. Es sei denn, darauf komme ich unter „Zionismus" zu sprechen, daß Araber und Juden sich zu einer Förderation zusammenzufinden vermögen.

Daneben wird der unheilvolle Einfluß Frankreichs auf Palestina, wie er sich gleichfalls aus meinen Ausführungen ergibt, sehr zum Schaden des Landes, weiter Haß und Zwietracht säen und nach Möglichkeit ein gefestigtes, prosperierendes Palestina unter englischer Herrschaft zu vereiteln trachten.

D. Die lokalen Bewegungen.

Auf Grund der Untersuchung im vorhergehenden Abschnitt wird es leicht verständlich, wenn man die zionistische, arabische oder christliche Frage nicht mehr als selbständige große Bewegungen wertet, sondern sie als sich willig oder unwillig darbietende Instrumente zur Verwirklichung weltpolitischer Interessen der Großmächte einreiht. Bei diesen lokalen Bewegungen werden wir im Hintergrund immer die bereits ausgeführte, weltpolitische Konstellation hindurchschimmern sehen.

1. Der Zionismus.

Es würde über den Rahmen dieser Arbeit hinausgehen, wollte ich eine eingehende historische Betrachtung des Zionismus in dieses Kapitel mit einbeziehen. Ich verweise zu diesem Zweck auf die zahlreiche zionistische Literatur und begnüge mich damit festzustellen, daß nunmehr der Hauptwunsch der zionistischen Juden in Erfüllung gegangen ist. Die zionistische Bewegung als deren Vater man Theodor Herzl, Ende des 19. Jahrhunderts bezeichnen kann, geht davon aus, daß die tatsächliche Lage der in Diaspora verstreut lebenden Juden wirtschaftlich, sozial und kulturell eine drückende ist. Auch der durch diese Lage bedingte Typus der Juden steht dadurch in Gefahr in diesem Kampf seine wertvollen Eigenschaften zu verlieren und zu einem auf den Kampf mit allen Mitteln eingestellten verachteten Handelsvolk herabzusinken. Dieser Entwicklung glaubt Herzl durch Schaffung einer nationalen Einheit entgegenzutreten, die er durch die Verbundenheit des jüdischen Volkes mit dem Lande der Väter in Palestina zu erlangen bestrebt ist.

Das Ende des Weltkrieges brachte dieser Bewegung die Erfüllung ihrer Ziele, nur war es Herzl, der schon 1904 starb, nicht vergönnt, diesen Erfolg seines Werkes mit zu erleben. Es sei hier kurz auf die dem Zionismus völkerrechtlich geschaffene Verwirklichung seiner Ziele eingegangen.

Man faßt die Bestrebungen der zionistischen Organisationen gemeinhin zusammen in dem Basler Programm: „Der Zionismus erstrebt für das jüdische Volk die Schaffung einer öffentlich-rechtlich gesicherten Heimstätte in Palestina. Zur Errichtung dieses Zieles nimmt der Kongreß folgende Mittel in Aussicht: 1. Die zweckdienliche Förderung der Besiedelung Palestinas mit jüdischen Ackerbauern, Handwerkern und Gewerbetreibenden. 2. Die Gliederung und Zusammenfassung der gesamten Judenheit durch geeignete örtliche und allgemeine Veranstaltungen nach den Landesgesetzen. 3. Die Stärkung des jüdischen Selbstgefühls und Volksbewußtseins. 4. Vorbereitende Schritte zur Erlangung der Regierungszustimmungen, die nötig sind, um das Ziel des Zionismus zu erreichen. Den neuen Führern der zionistischen Bewegung, Chaim Weizmann und Nahum Sokolow, gelang es nun während des Krieges durch geschickte Interventionen bei den Ententemächten die Erfüllung ihrer Wünsche in weitgehendem Maße durchzusetzen, wie es in der amtlichen Erklärung des Lord Arthur Balfour deutlich zum Ausdruck kommt. Diese sogenannte Balfourerklärung, datiert vom 2. XI. 1917, lautet:

„Seiner Majestät Regierung betrachtet die Schaffung einer nationalen Heimstätte in Palestina für das jüdische Volk mit Wohlwollen und wird die größten Anstrengungen machen, um die Erreichung dieses Zieles zu erleichtern, wobei klar verstanden werde, daß nichts getan werden soll, was die bürgerlichen und religiösen Rechte bestehender nichtjüdischer Gemeinschaften in Palestina oder die Rechte und politische Stellung der Juden in irgend einem anderen Land beeinträchtigen könnte."

Die englische Regierung setzt sich hier offen für eine jüdische nationale Heimstätte ein, ausgehend von den im vorhergehenden Kapitel angeführten Erwägungen und gleichzeitig damit die Teilnahme jüdischer Truppen auf der Ententeseite belohnend. Nach erfolgtem Friedensschluß erkannten auch die Westmächte am 24. II. 1919 in Versailles bei Besprechung der Orientfragen die Grundsätze der Balfour-Erklärung an und am 24. IV. 1920 stellte auf der Konferenz in San Remo der Oberste Rat der alliierten Großmächte Palestina unter das Machtbereich Englands und übertrug England zugleich die Errichtung der jüdischen Heimstätte. England formulierte seine Auffassung über die staatliche Zukunft Palestinas in dem schon besprochenen Palestinamandat, das nach längeren Verhandlungen am 24. VII. 1922 in London durch den Völkerbundsrat als Palestinamandat ratifiziert wurde. In diesem Abschnitt erfordern nur die speziell den Zionismus betreffenden Artikel unsere Aufmerksamkeit. Sie seien darum kurz zusammengefaßt. In der Präambel des Mandats werden die Bestimmungen betreffend die jüdische Heimstätte wie folgt festgesetzt:

„In Anbetracht dessen, daß die alliierten Hauptmächte ferner übereingekommen sind, daß der Mandatar verantwortlich sein soll für die Verwirklichung der ursprünglich am 2. XI. 1917 durch die Regierung seiner britischen Majestät erlassenen und von den erwähnten Mächten anerkannten Deklarationen zugunsten der Errichtung einer nationalen Heimstätte für das jüdische Volk in Palestina, wobei klar verstanden ist, daß nichts getan werden soll, was die bürgerlichen und religiösen Rechte usw. beeinträchtigen würde. — — — Artikel 2 enthält die Verpflichtung der Mandatarmacht zur Errichtung zur jüdischen nationalen Heimstätte, Artikel 6 behandelt die Erleichterung der jüdischen Einwanderung und Siedlung, Artikel 7 ermöglicht jüdischen Einwanderern, das palestinensische Bürgerrecht zu erwerben. Die hebräische Sprache neben Englisch und Arabisch als Amtssprachen setzt Artikel 22 fest. Artikel 4 erkennt eine jüdische Vertretung als öffentliche Körperschaft an, Artikel 11 setzt den Wirkungskreis der in Artikel 4 anerkannten Vertretung fest. Diese Körperschaft hat beratende Funktion in Verwaltungssachen, die jüdische Angelegenheiten betreffen und ist sogleich als das Oberhaupt der jüdischen Kolonisation zu betrachten. Dies wären kurz die völkerrechtlichen Quellen, aus denen der Zionismus seine Stellung in Palestina herleitet.

Betrachten wir nun die von dem Zionismus selbst geleistete Arbeit im Lande, so müssen wir anerkennen, daß er es verstanden hat, in einem Lande unter ungünstigsten Bedingungen positive Kulturarbeit zu leisten. Die Zahl der jüdischen landwirtschaftlichen Siedlungen ist von 24 im Jahre 1902/3 auf 43 bis zum Jahre 1912/13 und auf 74 bis zum Jahre 1922/23 gestiegen, also in dem letzten Jahrzehnt bald um das Dopelte. Ihre Gesamtzahl erreicht nach Trietsch (Palestinahandbuch) 1923 805 635 Dunam (ein Dunam = $^1/_{11}$ ha) = 73 058 ha. Mit 18 035 Bewohnern, was auf den Kopf etwa 45 Dunam = ca. 4 ha ergibt. Auch die Bautätigkeit hat dank der von außen hereinfließenden Gelder einen großen Aufschwung erlebt. Legt man 1920 mit der Grundzahl 1 zugrunde, so ergibt 1922 schon die Grundzahl 40. Allein die Stadt Tel Awiw hat 400 Neubauten errichtet.

Als Hauptmittel zur Erschließung des Landes für ihre Zwecke betrachten die Zionisten den Bodenerwerb. Dieser Erwerb, der aus den Mitteln des Nationalfonds erfolgt, bringt den Boden als Nationalboden in das dauernde Obereigentum der zionistischen Gesellschaft, die ihn jüdischen Einwanderern in Erbpacht weitergibt. Dies geschieht aus sozialen Gründen und gleichzeitig hofft man auf diese Weise zu verhindern, daß er in arabische Hände zurückfällt. Die Hauptgebiete jüdischen Grundbesitzes liegen im Umkreis von Jaffa bis Arsuf, dann in der Gegend von Ceserea bis Atlit, und ein drittes in der Jesreelebene bis zum See Genezareth. Das zahlenmäßige Anwachsen jüdischen Grundbesitzes ergibt folgende Tabelle (Palestinahandbuch):

1903 =	302 837	Dunam	
1913 =	389 821	„	
1923 =	750 392	„	= 68 217 ha.

Wir sehen auch hier das rasche Anwachsen im letzten Jahrzehnt, obwohl die Zahlen mit denen von Trietsch etwas differieren. Verglichen mit der Gesamtfläche Palestinas ergibt der jüdische Grundbesitz aber immer erst 3,78%. Als zweites Mittel zur Kolonisation dient die Einwanderung. Die in der Sitzung des Unterhauses am 2. Juli 1924 von Mr. William Lunn in Vertretung des Unterstaatssekretärs gemachten Angaben gestatten genaue Feststellungen. Sie ergeben:

Okt. 1920 bis Dez. 1921	1922	1923	In den ersten 3 Monaten 1924
Einwanderung nach Palestina 7 844	Für 1922 sind keine getrennten Zahlen gegeben	7 421	923
Auswanderung von Palestina 1 503		3 446	893

Diese Zahlen ergeben eine für den Zionismus sehr betrübliche Tatsache, nämlich den Rückgang der Einwanderung. Schon 1923 wanderte fast die Hälfte der jüdischen Einwanderer wieder aus und in der jüngsten Zeit beträgt die Zahl jüdischer Auswanderer fast genau soviel, wie die der Einwanderer. Die Jewish World, die diese in der Morning Post gebrachten Angaben als unzutreffend bezeichnet, ist gezwungen, diese Behauptung in der Morning Post vom 24. V. 1924 zu dementieren und schreibt dazu abschließend: The results is thus deplorable! Die Zeitschrift Public Opinion kennzeichnet am 16. V. 24 unter der Ueberschrift: Exodus from Palestine! die Lage wie folgt: „Die Briten, die sich eingebildet haben, daß ihr Experiment, die Juden nach Palestina zu verpflanzen, gut geht, mögen überrascht sein durch die Zahlen, die jetzt durch das Palestina-Ein- und Auswanderungsdepartement veröffentlicht werden, welche zeigen, daß die Zeiger der Uhr zurückgestellt sind, mit anderen Worten, daß die Zahl der Auswanderer sich der Zahl der Einwanderer nähert. Es scheint die Meinung unparteiischer Personen in Palestina zu sein, daß das Land im Hinblick auf eine jüdische Besiedlung den Sättigungsgrad erreicht hat. Es gibt zu viele enttäuschte Juden, die auswandern wollen, und vorläufig wenigstens sieht es so aus, als ob die Bewegung zur Schaffung einer nationalen Heimstätte zum Stillstand käme, möglicherweise wird eine Lösung sich in der Auswahl eines anderen „type“ von jüdischen Einwanderern ergeben.“ Mit dem letzten Satz wird wohl der Kern des Problems getroffen. Nicht ein Sättigungsgrad ist erreicht, wie dies der erste Teil meiner Arbeit genügend darlegt. Es verlangt eben ein solches Land landwirtschaftliche Pioniere mit allerersten Qualitäten. Gelernte Bauern, die hart zu arbeiten vermögen und unter ungünstigen klimatischen und sozialen Bedingungen sich den Boden erschließen und erkämpfen. Der Jude, der mit Ausnahme des östlichen, kein Bauerntyp ist, eilt voller Ideale zum Lande seiner Väter, ohne weder auf Grund seiner Konstitution noch seiner Kenntnisse den Anforderungen gewachsen zu sein.

Unter der heißen Sonne Palestinas schmelzen nur allzuschnell seine Ideale zusammen und es bleibt ein enttäuschter und hoffnungsloser Mensch übrig, der, würde er im Lande bleiben, ihm nur zum Schaden gereichen würde. Hier heißt es also für den Zionismus tatkräftig einzugreifen. Nur Kerntruppen von Pionieren die Aufgabe der Kolonisation anzuvertrauen, die sowohl ihrer Konstitution nach als auch durch gründliche Vorbildung den Anforderungen gewachsen sind. Es ist begreiflich, daß man zu Beginn des Mandats möglichst viele Juden hinabschickte, um sich eine zahlenmäßig große Vertretung zu schaffen, doch zeitigt dieses Vorgehen schwere Fehler, die sicht jetzt rächen.

Der schon wiederholt zitierte jüdische Statistiker und Schriftsteller D. Trietsch hat gleichfalls diese besorgniserregende Lage erkannt, nur schlägt er zu ihrer Behebung in seinem am 6. III. 1924 in dem Anglo-Palestine-Club London gehaltenen Vortrag eine Lösung vor, deren Idee zweifellos der Psyche des Juden besser gerecht wird, deren Durchführbarkeit aber für den, der Palestina kennt, ernstlich bezweifelt werden muß. Ich erinnere an das, was von mir über Industrie im Kapitel II gesagt ist. Er geht von dem

Gedanken aus, daß der Jude kein Talent zum Ackerbau treibenden Kolonisten habe, und sucht als Ausweg für dieses fehlende Bauerntalent einen schon von Dr. Soskins vorgeschlagenen Typ eines Landbau treibenden Händlers oder Arbeiters und eines Handel treibenden Landwirts zu entwickeln. Er beruft sich auf das Urteil des Prof. Ballod, Riga, nach dessen Ansicht in Palestina unter höchster Wirtschaftsökonomie das zur Ernährung einer Familie notwendige Areal auf 0,1 ha pro Kopf der Familie reduziert werden kann. Er unterscheidet zwei Arten von Siedlungen: Industriesiedlungen, das sind Arbeiterhäuser mit Gärten für Gemüse- und Obstbau und Geflügelzucht, deren Ertrag die Hälfte der Nahrungsbedürfnisse deckt, während die andere Hälfte durch industriellen Lohn gedeckt wird. Dann weiter: Bäuerliche Siedlungen mit einem Areal von 10 ar pro Kopf der Familie, deren Aufgabe die Versorgung des Industriesiedlers mit reinen Ackerprodukten ist. Dieser von Trietsch vorgeschlagenen Reform sind zunächst folgende Volksweisheiten entgegenzuhalten: „Niemand kann zween Herren dienen — und Schuster bleib bei deinem Leisten!" Ein tüchtiger Bauer wird ein geringerer Industriearbeiter sein und umgekehrt. Andererseits aber muß das Land ja erst in seiner landwirtschaftlichen Entwicklung auf eine Basis gestellt werden, die eine sich darauf aufbauende Industrie zu tragen vermag. Solange die überwiegende Agrarbevölkerung jeglicher Kaufkraft entbehrt und ihre Wirtschaft geschlossene Hauswirtschaft ist, kann sich in ihr kein Landbau treibender Händler oder Arbeiter eine Existenz schaffen. Man kann diesen Vorschlag als Kompromiß zur Erziehung des Juden zum Bauern oder Arbeiter betrachten, muß ihn aber energisch ablehnen, wenn in diesem Typ der idealste und leistungsfähigste Landwirt und Kolonist für ein Land, dessen Schwerpunkt in der Agrarwirtschaft liegt, gesehen wird. Statt dieser Experimente, die große finanzielle Opfer erfordern, sollte der Zionismus, wie ich es schon vorgeschlagen habe, aus dem östlichen Rußland einen jüdischen leistungsfähigen Bauernstamm nach Palestina verpflanzen und ihn mit der Kolonisation betrauen. Auf diesem Fundament wird sich dann auch ein Handel und eine bescheidene Industrie aufbauen lassen, in denen der angesiedelte Arbeiter den Idealtypus darstellen mag.

Als weiteres Mittel dient der zunehmende Einfluß durch jüdische Beamte im palestinensischen Staatsdienst. Im Palestinahandbuch erfolgte Angaben ergeben folgendes Verhältnis für die Jahre 1920/21:

Juden	616	= 24%
Christen	290	= 52%
Moslems	584	= 24%

Hieraus ergibt sich, daß der arabische Teil der Bevölkerung, der 80% beträgt, nur in gleicher Höhe wie die Juden, die ein Sechstel der Bevölkerung ausmachen, in den öffentlichen Aemtern angestellt ist, also eine große Majorität jüdischer Beamter.

Die jüdische Bevölkerung Palestinas, deren genaue Zahl nach der Schätzung vom 23. X. 1923 83 794 beträgt, hat sich durch ein weit ausgebautes Schulwesen einen weiteren Faktor zur Konsoldierung geschaffen. Sie besitzen 177 Schulen neben 42 mohammedanischen, 139 christlichen, 311 Regierungsschulen. Die jüdischen Schüler belaufen sich auf 18 048 gegen 2487 mohammedanischen, 11 952 christlichen und 19 639 die Landesschule besuchenden Schülern. Von den jüdischen Schulen sind 3 Mittelschulen, 4 Seminare, 1 landwirtschaftliche, 17 technische und Handelsschulen.

Es ist nicht von der Hand zu weisen, daß solche kulturelle Arbeit für das ganze Land segensreich ist und daß jüdisches Kapital, welches von den jüdischen Organisationen der ganzen Welt in Palestina investiert wird, wesentlich zur Hebung der palestinensischen Volkswirtschaft beiträgt. Ist doch letzten Endes das ganze Land Nutznießer und nimmt teil an den Errungenschaften moderner Wirtschaft. Es sei hier nur auf das zum Teil schon verwirklichte Rutenbergprojekt hingewiesen. Die Gesamtsumme der Palestina zuströmenden Kapitalien war mir nicht möglich, genau zu erfassen, wohl aber liegen die Summen, die dem jüdischen

Nationalfonds als Spenden zufließen, vor. Sie betrugen:

1902 = 1906	60 900	englische Pfund
1907 = 1911	91 900	„ „
1912 = 1916	162 700	„ „
1917 = 1920	571 700	„ „
1920	162 000	„ „
1921	129 000	„ „
1922	80 000	„ „

Aus diesen Zahlen ergibt sich aber weiter, daß dieser Zustrom von Geldmitteln seinen Kulminationspunkt überschritten hat und nun jäh abfällt. Ja, es schien zeitweise, als ob der einsetzende Geldmangel die ganze Bewegung zum Scheitern bringen würde. Jedenfalls sah sich der Zionismus im Herbst 1923 vor eine ernste Krisis gestellt, die bei dem Karlsbader Zionistenkongreß klar hervortrat. Aus den Aeußerungen der Redner sei folgendes hervorgehoben: Dr. Schalit, Wien: 20 000 Juden haben wir nach Palestina gebracht, die keineswegs versorgt sind. Wir sind nicht sicher, daß unsere Geldmittel 10 000 Einwanderer jährlich garantieren. — — — Supraski, Palestina: Unter den eingewanderten Juden Palestinas herrscht schwere Arbeitslosigkeit. Tausende sind ohne Arbeit und Verdienst. Schuld daran ist nur die zionistische Leitung. — — — Dr. Glücksohn, Palestina: Der Stand der Dinge in Palestina ist traurig. Die Regierung mißachtet die vornehmsten Pflichten, die sie durch das Mandat uns gegenüber übernommen hat. Sie hilft uns nicht beim Bau des nationalen Heims, sondern treibt geradezu judenfeindliche Politik. — —

Dem zielbewußten Führer Weizmann gelang es, diese Krisis dadurch zu beheben, daß er sich mit Zustimmung des Kongresses entschloß, auch Nichtzionisten zu dem Palestinawerk heranzuziehen und in großzügigster Weise die amerikanische Judenschaft für das Palestinawerk zu gewinnen. Seine Vortragsreisen in Amerika hatten vollen Erfolg und neue erhebliche Geldmittel fließen aus Amerika dem Zionismus zu.

Wir haben bis jetzt schon gesehen, daß die Aufgabe des Zionismus keineswegs leicht ist und er schon innerhalb seiner eigenen Organisation schweren Krisen ausgesetzt ist. Für besonders schwer halte ich die dargelegte Lage der Wiederauswanderung. In zweiter Linie ist auch jetzt noch mit einem Nachlassen der finanziellen Kräfte zu rechnen, wodurch die Existenz der Bewegung gleichfalls bedroht wird. Ueber beide Gefahren vermag die große idealistische Welle der Bewegung nicht hinwegzusetzen. Zu ihrer Beseitigung ist neben restlosem Aufgehen der Führer wie der Masse, wohldurchdachte Organisation und sorgsamste Auswahl der zur Kolonisation ausersehenen Kräfte nötig, so daß eine Durchschnittszahl von 2000 jüdischen Arbeitslosen, wie sie die Jüd. Rundschau Nr. 48 angibt, die nur unproduktiv die Mittel des Nationalfonds belasten, vermieden wird.

Neben diesen inneren Gefahren ist die Stellung des Zionismus auch von außen her vielen Angriffen ausgesetzt. Damit komme ich zu seiner Stellung zur arabischen und späterhin zur christlichen Bewegung. Das zahlenmäßige Verhältnis der Juden, ein Sechstel der Bevölkerung, macht es zu einer Forderung politischer Klugheit, eine araberfreundliche Politik zu betreiben. Dennoch ließ es sich nicht vermeiden, daß die Gegensätze an manchen Stellen heftig aufeinanderprallten. Der Einfluß Frankreichs hierbei ist im vorigen Kapitel angeführt. Weiter sieht der Fellache, und die Effendis bestärken ihn hierin nach Kräften, in dem Juden den Fremdling, der ihn von seiner Scholle vertreiben will. Es ist dies, wie die Landkäufe zeigen, keineswegs der Fall, (danach sind nur 7% von Bauern erworben). Weiteren Stoff zu gegensätzlichen Stellungen bietet die Arbeiterfrage. Der Fellache, der bisher lohnenden Nebenverdienst in den Kolonien fand, sieht in dem einwandernden jüdischen Arbeiter seinen Rivalen. Ja diese Gegensätze verdichteten sich zu ernsten Unruhen, die im Frühling 1920 blutige Opfer kosteten. Der Araber sieht sich, wie wir gesehen haben, nicht mit Unrecht auch im Staatskörper zurückgesetzt, und statt die Regierung zu unterstützen, sabotiert er ihre Maßnahmen, wie ich später zeigen werde. Er betrachtet sich als den rechtmäßigen Besitzer des Landes seit 1300 Jahren und will sich seine Rechte nicht von den Zionisten schmälern lassen. Hinter dem arabischen Kampf gegen den Zionismus, und dies ist den Arabern deutlich und klar an die Hand gegeben worden, stehen angesehene Führer des englischen Oberhauses, und auch im Unterhaus unterstützen 110 konservative Abgeordnete diese Forderungen. Ich habe dargelegt, welche politischen Tendenzen dieser Unterstützung zugrunde liegen und kann hier auf näheres Eingehen verzichten. Es sei hier nur wiederholt, daß die meisten englischen Politiker in dem Juden in Palestina nicht den Schutz sehen, den sie für ihre gefährdete Mittelmeerstellung brauchen. Sie zögern daher nicht, die panarabische Bewegung dazu auszuersehen, bevor sie ihnen zum ernsten Gegner erwächst. Die Gegensätze sind groß und werden von mehreren Seiten geschürt und künstlich vergrößert. Dennoch liegt hier bei geschickter zionistischer Politik nach meiner Ansicht keine unüberbrückbare Kluft zwischen Arabern und Juden, will der Zionismus seine besonders durch die weltpolitische Lage bedrohte Position retten, so muß er zwingend auf eine zionistisch-arabische Förderation hinarbeiten unter starker Betonung des Grundsatzes, daß durch seine Arbeit keine wohlerworbenen Rechte der ansässigen arabischen Bevölkerung geschädigt werden. Jüdische und arabische Wirtschaft sind aufeinander angewiesen und es ist nicht nötig, daß die Erweiterung jüdischer Positionen notwendig die Verengung des arabischen Lebensspielraumes bedeutet. Im Gegenteil, die rechte zionistische Pionierarbeit wird gleichzeitig die arabische Wirtschaft befruchten und beiden Teilen gleich vorteilhaft sein. Von der Art, wie es gelingt Araber und Juden auf eine gleiche Basis nebeneinander zu einem gemeinsamen Ziel, dem Aufbau des Landes, zu stellen, wird es abhängen, ob der Zionismus Hand in Hand mit dem arabischen Element sich eine Heimat schaffen kann, oder ob er als zu schwach befundenes Instrument englischer Weltpolitik durch arabische, christliche oder französische Kräfte zerrieben wird. Es liegen Anzeichen vor, aus denen zu schließen ist, daß diese Politik sich verwirklichen läßt. So schreibt die Jüdische Rundschau Nr. 48 aus Jerusalem von einer neuen arabischen Bauernpartei in Hebron, deren Programm ist: „Anerkennung des britischen Mandates in Palestina, eine Politik des Friedens und der Freundschaft mit den Juden und allen anderen Rassen in Palestina, Zusammenarbeit mit der Regierung". Diesen hier angedeuteten Weg zu beschreiten und nicht die Losung: Palestina so jüdisch, wie England englisch! wie einige Hitzköpfe sehr zum Schaden der zionistischen Bewegung hinausposaunten, ist nicht nur Erfordernis politischer Klugheit, sondern auch die kulturelle Aufgabe der zionistischen Bewegung.

Die römische Kirche als Gegner des Zionismus, werde ich unter den christlichen Interessen behandeln.

2. Die arabische Bewegung und das Kalifat.

Es ist ein großer Irrtum, in dem besonders Fremde häufig befangen sind, alle sogen. Araber als unwissende Bauern, die ohne Zivilisation und Kultur fast den Wilden gleichen, anzusehen und ihnen jede politische Bedeutung abzusprechen. Diejenigen, die wirklich einmal ein vornehmes arabisches Haus, oder abseits von den Touristenwegen ein Fellachendorf oder eine Beduinenniederlassung aufgesucht haben, werden erstaunt sein, wie anders es sich in Wirklichkeit darstellt. Der Effendi, d. h. die obere und mittlere Klasse, die in den Städten vorwiegend ihren Wohnsitz hat, zeigt in seinen Sitten und seiner Intelligenz eine Höhe, die vielfach der europäischen gleichzustellen, ja in manchen Punkten sogar vorzuziehen ist. Die besten unter ihnen sind ebenso befähigt in der zivilisierten Gesellschaft ihren Platz einzunehmen, wie jede andere Klasse der Welt. Dies gilt in gewisser Beziehung auch in gleicher Weise für den armen Fellachen und den stolzen Beduinen, obwohl sie zum größten Teil Analphabeten sind. Sie sind politisch sehr fähige Köpfe. Ja man kann jedes arabische Fellachendorf und jeden sonstigen Flecken als politisch heißen Brennpunkt bezeichnen. Ich war nicht wenig erstaunt, als ich zur Kriegszeit zu einem Fellachendorf, welches nur auf mühsamen Fußpfaden erreichbar war, gelangte und dort nach Hindenburg, Allenby und anderen gefragt wurde. Man setzte mir auseinander, wie sehr eine Operation gegen den Suezkanal das Prestige Englands vernichten würde. Sie wußten die Höhe der deutschen Kriegsanleihen und sprachen von einem russischen Zusammenbruch. Politische Gespräche bilden ihre Lieblingsunterhaltung und hört man ihre bedächtige Rede, so versteht man, daß sie die Schöpfer des Schachspiels sein können. Ein Beispiel möge den Geist ihrer Betrachtungsweise erhärten. Man sagte mir, wir hätten ein sehr schönes Buch, vielleicht das schönste auf der Welt (gemeint war die Bibel). Ich bemerkte: Da müßten sie sich also zu diesem Buch bekennen? Da bekomme ich die Antwort: Sie hätten sich die Menschen angesehen, die nach diesem Buch lebten, und fast immer täten sie das Gegenteil, von dem was in diesem Buche steht. Ihre Gläubigen wären aber so, wie es in ihrem Buche (Koran) stehe. Solange es sich so verhalte, würden sie stets bei ihrem Buche bleiben. — Die große Ausdrucksfähigkeit und Beweglichkeit der arabischen Sprache, die voll bunter Bilder ist, ist durch die jahrhundertealte Neigung des Arabers, Rede und Gegenrede im Dorfkreis oder vor den Zelten zu pflegen, entstanden, wo immer sie sich treffen, gibt es einen Disput. Sie sind die geborenen Politiker, nehmen alles Neue sofort auf und geraten bei dessen Auslegung oft in hitzige Wortgefechte, bei denen zuweilen ihre große Leidenschaft durchbricht. In jedem Dorf kennt man die Balfour-Erklärung. Die Mandatsbestimmungen und Reden in den englischen Häusern sind binnen kurzem Gegenstand der Debatte in allen Dörfern. Alles sammelt sich um die Vorleser, die amtliche lokale Publikationen den Wißbegierigen vorlesen, an die sich meistens ein leidenschaftlicher Meinungsaustausch anschließt. Dennoch fängt die Rolle der

Fellachen im politischen Leben erst mit der Mandatszeit an, eine aktive zu werden, während die Effendis von alters her als die politischen Führer des Volkes auftraten. Bei den Effendis finden wir die Vorliebe, die Führerschaft einer ganzen Familie zu übertragen (Hussein mit seinen Söhnen) und so entsteht eine Mischung von aristokratisch-demokratischem Wesen. Es ist wichtig, diese Betrachtungen der Psyche des Arabers, der sich seiner Rasse voll bewußt ist, voranzuschicken, damit man nicht in Versuchung kommt, ihn als unwesentlichen Faktor für die Politik des Landes zu betrachten.

Die Araber stützten sich in ihrem Bestreben, Palestina als arabischen, unabhängigen Staat innerhalb des arabischen Staatenbundes zu konstituieren, auf historische, rechtliche, politische und wirtschaftliche Argumente. Sie berufen sich darauf, Palestina seit 1300 Jahren im Besitz zu haben, während die Juden von Saul bis zur Zerstörung Samarias und Jerusalems als Einwanderervolk kaum 3—4 Jahrhunderte ein eigenes staatliches Leben geführt haben. Rechtlich stützt sich der Araber auf das im Kriege gegebene Versprechen der Entente, wie aus dem Briefwechsel Sir Mc. Mahons an Hussein, datiert vom 15. X. 1915, hervorgeht. In diesem wird den Arabern ihre Unabhängigkeit versprochen. Es heißt in diesem Brief, daß die Teile Syriens westlich des Wilajet Damaskus aus Husseins Bereich ausgeschaltet seien. Jetzt, nachdem der Krieg entschieden ist, ist es für England leicht, diese vage Definition nach Belieben zu interpretieren und so heißt es in dem Weißbuch der englischen Regierung über ihre Palestinapolitik in einem Brief des Kolonialministers J. E. Shuckburgh vom 3. VI. 1923 an die zionistische Organisation: Dieser Vorbehalt wurde von S. M. Regierung immer auf das Wilajet Beyrut und den unabhängigen Sandschak Jerusalem bezogen! Ein Blick auf die Karte belehrt uns, daß der Sandschak Jerusalem keineswegs westlich des Wilajets Damaskus liegt, sondern sich südlich an dasselbe anschließt. Es unterliegt jedoch keinem Zweifel, daß England dieses wirksame Mittel der

Kriegspropaganda benutzt hat und der Verfasser selbst hat dieses feierliche Versprechen, wie es Engländer den Arabern abgaben, aus arabischem Munde vernommen. Noch klarer können sie ihre Ansprüche aus der Anglo-French-Deklaration vom 8. XI. 1918 ableiten. Hier heißt es: „Endliche Befreiung (definitive emancipation) der durch die Türken solange unterdrückten Völker und Errichtung von Regierungen und nationalen Verwaltungen, die ihre Autorität auf den Willen und die freie Wahl der einheimischen Bevölkerung stützen." Weiter heißt es: „Es liegt fern, der Bevölkerung dieser Gebiete irgendwelche Institutionen aufzudrängen. Die Alliierten sind nur bestrebt, gleiche Unterstützungen den durch die Bevölkerung frei gewählten Regierungen und Verwaltungen zu geben". Es ist verständlich, daß nach solchen tatsächlich erfolgten Versprechungen, die Balfour-Erklärung bei den, sich schon als selbständige Staatsbürger fühlenden Arabern, tiefste Enttäuschung auslöste. Nach Capt. Brunton (Fortnighly Review Jan 1924) besuchte im Sommer 1919 die American King Crane Commission Syrien und Palestina, um die Wünsche der Bevölkerung im Hinblick auf die zukünftige Regierungsform zu erfahren. Das Ergebnis war, daß die öffentliche Meinung die von England eingeschlagene zionistische Politik ablehnte. Aber der Bericht wurde nicht veröffentlicht und das Ergebnis wurde mißachtet.

Nun wird man auf den in der Präambel der Verfassung festgelegten Satz hinweisen, der lautet: „Wobei klar verstanden ist, daß nichts getan werden soll, was die bürgerlichen und religiösen Rechte bestehender nichtjüdischer Gemeinschaften in Palestina beeinträchtigen würde." Aber wie sieht es damit in Wirklichkeit aus? Die arabische Mehrheit ist in keiner Weise entsprechend an der Regierung beteiligt. Zahlenmäßig sind 40% der Araber nicht im Council vertreten. Die Vertretung ihrerseits ist so, daß sie ohne jede Befugnisse nur beratende und keinerlei bestimmende Funktion ausüben. Diese an sich schon erfolgte Zurücksetzung des arabischen Elementes wurde durch

Pläne, Artikel und überspannte zionistische Propaganda für die Araber besorgniserregend. Weiter ergeben sich, hauptsächlich für die Effendis, wirtschaftliche Gründe. Durch die Regierungsmaßnahmen wurden ihre Rechte, besonders bezüglich der Ausbeutung der Fellachen, stark beschnitten, steuerlich werden sie in gerechter Weise mehr und mehr erfaßt, wobei sie selbst durch die aufgehobene Steuerverpachtung kein nutznießendes Zwischenglied mehr bilden. Gerade diese Motive beeinflussen nicht unbeträchtlich die arabische Stellungnahme.

Zu der gleichen Zeit, als die Bewegung aus ihrem Keime emporschoß, erfolgte der in der moslemischen Welt mit Begeisterung aufgenommene Befreiungskampf der Türkei, der vollen Erfolg brachte. Dazu kam weiter die auf der ganzen Linie siegreiche Politik Zaghlul Paschas, die mit der Selbständigkeit Aegyptens endete. Es ist nur zu erklärlich, daß diese Erfolge der Nachbarländer die arabische Bewegung festigten und zu Taten schreiten ließen. Der zionistischen Gemeinschaft wurde die arabische entgegengesetzt. Der Führer der arabischen Bewegung in Palestina ist der bekannte Muhssa Kaassim Pascha. Er steht als Präsident dem arabischen Exekutivkomitee vor. Neben dieser Partei gibt es noch eine gemäßigte, die zu Kompromissen mit der Regierung geneigt ist. Das Programm der arabischen Exekutive beruht in der Hauptsache in der Ausführung der von den Alliierten gemachten Versprechungen, nämlich Schaffung einer konstitutionellen Verfassung und ein mit allen Rechten der Gesetzgebung ausgestattetes Parlament. Anschluß an das Groß-Arabische Reich und einen Sitz im Völkerbund, wie er den anderen arabischen Staaten durch den Anglo-Irak-Vertrag versprochen ist. Energisch treten sie für ihre Selbstbestimmung ein. Ihre Zeitungen weisen darauf hin, wie das seit 40 Jahren in englischem Besitz befindliche Aegypten durch die Entschlossenheit des arabischen Volkes und seiner Führer seine Selbständigkeit wiedererlangt habe. Zaghlul Pascha sei im Triumph aus der Verbannung zurückgekehrt und der bekannte englische General Allenby habe abdanken müssen. Sie weisen auf Deutschland hin und führen aus: Wohin man komme, wenn man kein Nationalgefühl habe und immer nachgebe, das könne man an dem heutigen Deutschland sehen. Unbeugsam würden sie kämpfen, bis sie ihre drei Ziele erreicht hätten: Arabische Regierung, arabisches Parlament, arabische Armee! Gleich den Juden wenden sie sich an ihre Volksgenossen in aller Welt. In New York (Jüd. Rundschau Nr. 32/33) begann die National-Palestinensische Gesellschaft Amerikas und die Liga für die Unabhängigkeit Syriens einen Propagandafeldzug zur Sammlung von Geldern. Den Vorsitz führt der frühere amerikanische Gesandte Dr. Ch. R. Crane und der frühere Außenminister von Syrien äußert daselbst in einem Interview: „Frankreich und Großbritannien hätten ihre Versprechungen gebrochen, die Araber seien entschieden gegen den politischen und wirtschaftlichen Aufbau des jüdischen Staates. „Vorschläge der palestinensisch-arabischen Exekutive für ihren VII. Kongreß zeigen, daß die Führer der Bewegung gewillt sind, jedem zionistischen Zug einen Gegenzug entgegenzusetzen. Das Programm sieht vor: Schaffung einer arabischen Kampflegion, als Antwort auf die jüdische Legion, Errichtung von Fonds in aller Welt nach Art des jüdischen Nationalfonds, ein Goldenes Buch, nach Muster des Goldenen Buches des Nationalfonds der Juden. Wie aus dem Aufsatz der Ethel Snowden (Empire Review April 1924) hervorgeht, stehen an ihrer Seite ein Fünftel der Judenschaft Jerusalems. Es sind dies die schon seit alters her das Land bewohnenden orthodoxen Juden, die ihre Glaubensgenossen, die Zionisten, heftig bekämpfen. Innerlich geschlossen begann die Bewegung bald in das politische Leben Palestinas einzugreifen. Als alle Bewohner Palestinas aufgefordert wurden, sich in die palestinensische Staatsbürgerliste eintragen zu lassen, verstrich der Termin, aber fast kein Araber hatte sich eingetragen. Volkswahlen für ein Parlament, aber nur mit beratender Stimme, wurden ausgeschrieben, aber die Araber sabotierten die Wahl, die

Juden blieben allein. Die Regierung stand dieser Tatsache machtlos gegenüber und war gezwungen, am 25. Mai 1923 die Wahlen für ungültig zu erklären. Jetzt wurde den Arabern angeboten, einen Volksrat zu wählen, der von der englischen Regierung als gleichberechtigt mit der Jewish Agency, der jüdischen Vertretung, erachtet werden sollte. Da dieser Vertretung aber gleichfalls nur beratende und keinerlei gesetzgeberische Funktionen zugestanden wurden, wurde auch sie abgelehnt. Nun schritt man dazu, einen Regierungsbeirat aus den angesehensten Männern zu ernennen, in dem die Araber das entschiedene Uebergewicht hatten über die Juden. Jedoch auch er wurde, da er keinerlei verfassungsrechtliche Mitbestimmung gestattete, von den hierfür Ernannten abgelehnt. Nun hat England aus eigener Vollmacht eine gesetzgebende Versammlung aus lauter Beamten ernannt mit nur beratender Stimme und hat sich so außer der Mißbilligung der Araber auch noch die Unzufriedenheit der Juden zugezogen. So werden Gesetze gegeben und wichtige Projekte entstehen (Rutenberg) ohne Beteiligung der Araber. Ja man wirft der Regierung vor, daß sie offensichtlich die Araber zugunsten der Juden vernachlässige. So erwähnt Brunton, daß die Regierung den umfangreichen Straßenbau an arbeitslose Juden vergeben habe, obwohl Araber billiger, besser und schneller arbeiteten. Sie weisen ferner auf die ungleiche Handhabung des Rechtes hin. Ein Jude mit Revolver und Patronen betroffen, erhält eine Strafe von 180 Piaster, ein Araber, in dessen Haus eine Handgranate gefunden wurde, aber 15 Jahre Gefängnis. Man hat besonders in den Effendikreisen versucht, die Juden auch wirtschaftlich auszuschalten, indem man sich gelobte, kein Land an die Juden zu verkaufen. Dies Gelübde wird zwar nicht befolgt, immerhin entsprechen sie ihm insofern, daß sie unheimlich hohe Wucherpreise für das Land verlangen. Als Churchill im April 1922 in Palestina landete, war er nicht wenig erstaunt über den feindlichen Empfang in Gaza. Ja die gegenseitigen Spannungen wuchsen derart an, daß sie sich in mehr oder weniger großen Unruhen auslösten. So kam es am 4. IV. 1920 in Jerusalem und im Mai 1921 in Jaffa zu ernsten Unruhen. Den Anstoß zu den Unruhen in Jaffa gab eine jüdisch-kommunistische Demonstration, die aber keineswegs mit der zionistischen Bewegung zu identifizieren ist. Jetzt wurde man in England stutzig und beschloß, eine arabische Abordnung mit ihrem Führer Kaassim Pascha nach London einzuladen. Eine öffentliche Untersuchung wurde genehmigt, die kommunistischen Elemente wurden ausgewiesen, soweit man ihrer habhaft werden honnte, und am 3. VI. 1921 gab der Oberkommissar eine Erklärung zur Beruhigung ab, die aber nicht das arabische Mißtrauen zu beseitigen vermochte. Der Abordnung wurde, als sie von Churchill die Aufhebung der Balfour-Erklärung verlangte, mitgeteilt, dies sei eine Parlamentsakte, die nur durch das Kabinett umgeändert werden könnte, sonst aber versprach man ihnen weitgehendste Vertretung ihrer Interessen. Es ist zweifellos, daß seit dieser Zeit eine vorsichtige Schwenkung der englischen Politik aus den von mir schon angeführten Erwägungen heraus, einsetzte. Als man gar am 13. XII. 1921 in falsch deklarierten Kollis in Haifa über 300 geschmuggelte Revolver fand, wurde in dieser Tatsache eine schwere Bedrohung des arabischen Elementes gesehen und propagandistisch verwertet.

Es ist nicht zu verkennen, und nach dem, was ich über die englische Politik gesagt habe, erklärlich, daß die englischen Politiker, die Tendenz zur Förderung arabischer Interessen in zunehmendem Maße erkennen lassen. Es bleibt mir hier nur übrig, diese Tatsache durch Beweise zu erhärten. Der schon mehrfach zitierte Capt. Brunton, aus dem palestinensischen Staatsdienst ausgeschieden, tritt offen für die Araber ein. Sein Aufsatz in der Fortnighly Review enthält schwere Anklagen gegen die bisherige englische Politik und schließt am Ende damit, daß er sagt: wenn die britische Regierung und der Völkerbund denken, daß die Errichtung des jüdischen Nationalheims eine so wünschenswerte und nötige Sache ist, daß es die Unterdrückung

(Coercion) der arabischen Majorität in Palestina rechtfertigt, dann laßt uns also offen bekennen: the end justifies the means — „Der Zweck heiligt die Mittel!“ Die Rothermere- und Beaverbrook-Presse nehmen eifrig gegen den Zionismus Stellung und treten für das arabische Element ein. Sie wirken sehr geschickt auf ihre Leser, indem sie sie als Steuerzahler für den Zionismus hinstellen. So schreibt die Daily Expreß: „Die Araber in Palestina wollen frei sein. Sie wollen nicht zionisiert werden. Der britische Steuerzahler weiß nicht, daß er auf einem arabischen Vulkan sitzt, der einmal ausbrechen kann, und dann wohl mehr kosten wird, als 150 Millionen im Jahr. Die Themse ist wichtiger als der Jordan.“ Die Daily Mail schreibt: „Palestina und Mesopotamien sind zwei Mühlsteine am Halse des britischen Steuerzahlers. Hier ist ein Feld für den neuen Premierminister Macdonald. Möge er die verderblichen Pläne mit Mesopotamien zunichte machen und die britischen Bajonette aus Palestina zurückholen, die dem Lande einen verhaßten Zionismus aufzwingen wollen.“

Bei der großen Palestinadebatte im englischen Oberhause führte Lord Islington folgendes aus:

„Der Widerstand der Bevölkerung Palestinas gegen die zionistische Politik ist seit der letzten Debatte hierüber gewachsen und gefestigt. Das ist keine Ueberraschung. Es war niemals anzunehmen, daß wir je imstande sein werden, die mohammedanische und christliche Bevölkerung zur Annahme der Zionistenpläne zu überreden. Wenn die Regierung nicht umkehrt, wird sie die Verantwortung dafür haben, daß der eingeborenen Bevölkerung eine Regierungsform aufgezwungen wird, die diese nicht haben will. Die unvermeidlichen Folgen wird sie dann zu tragen haben. Die Bevölkerung hat die Wahlen abgelehnt, durch die sie gegenüber der von uns übernommenen Regierung in eine untergeordnete und unmündige Stellung gebracht worden wäre. Die gegenwärtigen Zustände mit ihrem Willkürregiment sind unhaltbar. Dem arabischen Volke ist die Unabhängigkeit versprochen worden. Aber trotzdem hat die britische Regierung in den letzten 4 Jahren die größten Anstrengungen gemacht, eine zionistische Regierung im Lande zu schaffen. Die altangesessenen Juden Palestinas haben nie solche Ansprüche erhoben. Diese ganze zionistische Einrichtung wurde nur einer außerhalb stehenden jüdischen Organisation zuliebe gemacht, die keineswegs die ganze Judenschaft der Welt vertritt. Früher oder später wird sich die britische Regierung in der ganz unmöglichen Lage befinden, eine freundlich gesinnte Bevölkerung in so große Erbitterung und Feindschaft hineingetrieben zu haben, daß nur die Waffen die Ordnung aufrechterhalten können. Das würde bedeuten, daß die britischen Truppen gegen eben das Volk kämpfen würden, dem wir helfen wollen und dem wir Versprechungen auf Selbstverwaltung gegeben haben. Ich warne die Regierung. Es handelt sich um eine Sache von größter Bedeutung für die gesamte Reichspolitik. Die ganze Welt sieht heute auf uns. Wenn wir der Welt heute sagen, daß wir unsere Verpflichtungen erfüllen und dem Volke Palestinas eine nationale Regierung geben, dann stellen wir die Ehre und den Einfluß Großbritanniens im nahen Osten wieder her!"

So äußert sich der vor einiger Zeit zurückgetretene politische Sekretär Sir Herbert Samuels, zu dessen Ehren am 4. IV. 1924 das arabische Exekutivkomitee unter dem Vorsitz von Kaassim Pascha und dem mohammedanischen Obersten Rat ein Abschiedsbankett gaben, auf diesem Bankett folgendermaßen (Jüd. Rundschau 32/33): „Ich bin zwar ein Mann von geringer Bedeutung in meinem Lande, aber ich habe einige einflußreiche Freunde. Ich werde mein Bestes tun, um diese über die Lage in Palestina aufzuklären. Die Lage ist nicht zufriedenstellend, aber ich zweifle nicht, daß eine Aenderung eintreten wird. Palestina ist ein mohammedanisches Land und muß eine arabische Regierung haben. Es ist nötig, daß sie, wie die Aegypter, ein Bureau in London besitzen. Ich hoffe, es wird mir gelingen, für sie ein solches Bureau in London einzurichten."

Es ist verständlich, daß diese arabische Bewegung von Syrien her, das heißt von französischer Seite, mit Wohlwollen im Geheimen unterstützt wird, solange sie sich gegen englische Machtinteressen richtet. Als Hauptherde sind hier Beyrut und Damaskus zu bezeichnen. Hier wirken sich weltpolitische Interessen im kleinen aus.

Nachdem ich nun ein klares Bild der arabischen Bewegung innerhalb des palestinensischen Staatskörpers zu zeigen versucht habe, bleibt mir noch übrig, die panarabische Frage zu streifen und die Bedeutung des Kalifats in diesem Zusammenhange festzulegen.

Sehr treffend wird die panarabische Politik England gegenüber von einem Eingeborenen im Gespräch mit einem englischen Pressevertreter (Manchester Guardian 10. 6. 24) in die Worte gekleidet: „Wo know we need you, but we fear you all same, we fear, that in the end you will take us as you did India, and treat us, as you treat the Indians.“ Dieses „wir brauchen euch, aber wir fürchten euch trotzdem“, macht die Politik Husseins mit seinen Söhnen erklärlich. Sie nehmen die Hilfe des mächtigen Englands in Anspruch und es entsteht ein arabischer Staatenbund unter englischem Protektorat, die beste Lösung für England zugleich, um aus der Sackgasse herauszukommen. Der eine Sohn Husseins, Faisal, residiert in Bagdad, der andere Abdulla ist König des Ostjordanlandes. Diese Königreiche einschließlich Nedschd sollen unter Husseins Oberhoheit stehen. England glaubte sowohl das machtvolle arabische Selbständigkeitsverlangen in Palestina zu befriedigen, gleichzeitig Hussein zur Anerkennung des Zionismus zu bringen, als es geschickt vorschlug, Palestina dem arabischen Staatenbunde einzuverleiben, wenn das Heimatrecht der Zionisten garantiert würde. Das Prestige Husseins würde aber bei allen Arabern gänzlich schwinden, wenn er sich auf eine derartige Bedingung einlassen würde. Infolgedessen wurden Vertragsentwürfe auf Vertragsentwürfe ausgearbeitet, vorgelegt und verworfen, immer an den gleichen Gegensätzen scheiternd. Es wird schwer werden, eine einigende Basis zu finden, besonders, da auch die arabischen Könige auf der einen Seite die günstige Strömung in England benutzend auf der anderen Seite mit französischer Interessenpolitik drohen (dies gilt vor allem von Ibn Saud, dem unversöhnlichen Gegner Husseins) den Kampf um die Selbständigkeit Palestinas offen unterstützen und fördern. So sagt Abdulla, der König von Aman zu dem Zionistenführer de Haan: „Ein zionistisches Palestina? Wer soll jetzt so etwas sehen? Will England das überhaupt noch? Lord Milner, Lord George, Sir Conway, ist da noch einer, der den Ausspruch Dr. Weitzmanns annimmt: Palestina so jüdisch wie England englisch!? Ich sehe kein jüdisches Palestina. Solange die Engländer in Palestina sind, wird die Politik englisch sein, sobald England das Land verläßt, ist das Land arabisch. Es ist seit Jahrhunderten arabisch, hören Sie, seit Jahrhunderten." Hussein äußert sich bei einer öffentlichen Veranlassung folgendermaßen: „Ich erstrebe eine unbedingte Unabhängigkeit aller arabischen Länder (dies ist auch die Voraussetzung für das Kalifat). Ohne sie unterschreibe ich keinen Vertrag mit England. Auch die Bewohner Palestinas müssen ihre Regierung nach ihren eigenen Wünschen wählen. Es ist nach den Zusagen Englands unabhängig und bedingungslos berechtigt, sich dem arabischen Staatenbunde anzuschließen. Ich werde alle Palestinenser, ob Mohammedaner, Christen oder Juden als meine Kinder betrachten, aber ohne das Zionistenheim zuzugeben. Noch einmal hat England versucht, diese Gegensätze zu überbrücken auf dem großen Königstag in Aman am 18. Januar 1924. Hussein mit seinen königlichen Söhnen empfing Vertreter aus Aegypten und Syrien, palestinensische Araber, an der Spitze Kaassim Pascha. Die Muftis und Bürgermeister, der zionistische Oberrabbiner und sogar der englische Statthalter waren erschienen. Ein Schleier liegt über dem Ergebnis dieser prunkvollen Demonstration, aber soviel scheint hindurchgesickert zu sein, daß die englischen Kompromisse an der Starrköpfigkeit von Hussein gescheitert sind. Seine Lage ist auch als äußerst schwierig zu bezeichnen. Auf der einen Seite verlangt die mohammedanische Welt von dem Kalifen völlige Unabhängigkeit, auf der anderen Seite ist er auf englische Flugzeuggeschwader und Panzerwagen zur Bekämpfung aufsässiger Beduinenstämme und seiner Gegner angewiesen. Hussein entschied sich, wie es den Anschein hat, für den ersteren Weg und England ließ ihn daher fallen.

Im gleichen Augenblick nutzte Frankreich die Situation. Ibn Saud, Husseins unversöhnlicher Gegner, fiel über ihn her und vermochte ihn, der jetzt auf keine englische Unterstützung rechnen konnte, vernichtend zu schlagen. Mekka fiel in die Hände der Wahabiten, Hussein wurde als Kalif abgesetzt. Die Zukunft wird es lehren, ob England Husseins Sohn Ali als willfähriges Instrument seiner Interessen erwählen wird, oder ob es ihm gelingt, den mächtigen franzosenfreundlichen Ibn Saud für seine politischen Zwecke dienstbar zu machen. In dem einen oder dem anderen Falle aber wird England, in seiner Mittelmeerstellung durch diesen Schachzug Frankreichs (der Sieg Sauds über Hussein) ernstlich bedroht, auf keinen Fall die englisch-panarabische Politik aufgeben und nur in der Besetzung eines Pseudoherrschers eine neue Wahl treffen. Es ist nicht ausgeschlossen, daß im Rahmen der Hauptinteressen, England eines Tages unter dem Drucke panarabischer Bewegungen die Balfour-Erklärung fallen lassen wird, um gegen diese Konzession einen sicheren festgefügten englisch-arabischen Staatenbund einzutauschen.

3. Die christliche Bewegung.

Die christlichen Interessen treten nach außen hin nur wenig in Erscheinung und doch wird man bei genauem Studium feststellen können, daß auch sie sich auswirken und das Schicksal des Landes beeinflussen. Für die christliche Religion ist Palestina und besonders Jerusalem das Ursprungsland. Klöster, Schulen und fromme Stiftungen sind durch die Kirchen im Lande errichtet, alljährlich strömen zahlreiche Pilgerscharen nach den heiligen Stätten. Durch die Umwälzung in Rußland ist die russische Kirche, die ohne Staatsmittel kaum noch ihr Dasein fristet, fast ganz in Palestina ausgeschaltet und der russische kirchliche Vertreter ist vor kurzem nach Palestina gefahren, um die ansehnlichen russischen Liegenschaften zu verpachten oder zu verkaufen, um sie vor gänzlicher Verschuldung zu retten. Anders liegen die Verhältnisse für die Römisch-Katholische Kirche. Der Vatikan, mit seinem großen politischen Einfluß in allen Ländern der Welt, sieht sich durch den Zionismus in seiner Stellung in Palestina bedroht und setzt planvoll zur Gegenaktion ein. Er veröffentlicht am 29. V. 24 eine päpstliche Bulle, in welcher der Wunsch zur Vereinigung der christlichen Kirchen zum Ausdruck gebracht wird, um die Lösung der palestinensischen Frage in Uebereinstimmung mit den Hoffnungen des Christentums herbeizuführen. Er fordert in seiner Proklamation ein Gebet aller Gläubigen für Palestina, welches große Beachtung fand. Nach außen hin beschränkt er sich darauf, seine Interessen zu verteidigen. So wurde der Hüter des heiligen Landes, der Franziskanerpater Diotalevi in London im Auftrag des Papstes vorstellig, wo er von der englischen Regierung offiziöse Versicherungen bezüglich der Wahrnehmung katholischer Interessen erhielt. Um dem Zionismus weiter entgegenzutreten, wurde ein Verein „Glaubensschutz für Palestina" gegründet. Cremonesi, ein hoher Würdenträger des Papstes übernahm den Vorsitz. Bei der Eröffnung wurde der Verein schriftlich von dem Kardinalseketär beglückwünscht. Im Juni 1924 wurde vom päpstlichen Hofe der Kardinal Giorgi nach Palestina entsandt, eine Reise, der man in italienischen Zeitungen politische Wichtigkeit zumaß. Am 4. Juni weihte er die im Garten Gethsemane von Italien errichtete Kirche unter großen Feierlichkeiten ein. Zur Feier des Tages war an der französischen Botschaft eine Triumphpforte errichtet worden. Weiter weihte Giorgi ein neues mit gewaltigen Kosten erbautes italienisches Kloster ein.

Auch im Volke trachtet die römische Kirche wieder danach, festen Fuß zu fassen. Sie benutzt die Armut der niedrigen Klassen und bietet den Kindern Aufnahme in ihre Anstalten und Schulen, wenn die Angehörigen in einem schriftlichen Vertrage ihre gesamten Rechte an sie aufgeben. Für die höheren Klassen hat sie, als Gegengewicht gegen die hebräische Universität, eine Universität errichtet, in welcher Rechtswissenschaft, Heilkunde und allgemein bildende Fächer vorgesehen sind. Geschickt sucht der Vatikan auch die Verbindung mit dem Kalifen Hussein aufzunehmen und hatte zu dem erwähnten Königstage in Aman den römischen Patriarchen Barlassina feierlich entsandt, um ihm die Grüße des Papstes zu übermitteln. Diese Angaben zeigen, daß der Katholizismus nicht auf dieses Land verzichtet, sondern emsig bestrebt ist, sich erneut durch- und festzusetzen. Noch tritt er neben der arabischen und anzionistischen Bewegung in den Hintergrund, aber die Anzeichen weisen darauf hin, daß der Vatikan in die Geschicke des Landes in zunehmendem Maße eingreifen wird, hinter sich französische und italienische Interessen wissend, die diese Bewegung wohlwollend unterstützen.

Nicht zu den politischen Bewegungen zu rechnen, wohl aber für die Volkswirtschaft des Landes von großer Wichtigkeit, ist eine protestantische Anstalt, die in uneigennützigster Weise dem Lande ungeheuren Nutzen erwiesen hat. Es ist dies das unter der Leitung von Dr. Schneller stehende „Syrische Waisenhaus in Jerusalem". Ein Stadtteil für sich, in echter deutscher Sauberkeit inmitten des orientalischen Schmutzes, ist es Kleinod deutscher Kultur. Hier werden die Waisen und Elenden unter Leitung deutscher Handwerksmeister in ordentlichen Berufen erzogen und erhalten in den Lehranstalten eine umfassende Bildung. Landwirtschaftliche Musterfarmen im Lande, wie Bir Salem, bilden die Zöglinge zu Landwirten aus und decken gleichzeitig den Konsum der Anstalt. Während des Krieges waren uns die fachmännisch ausgebildeten Zöglinge als Schlosser, Tischler usw. hochwillkommen und ihre Leistungen zeugten von einer guten Ausbildung. Die Engländer haben den Wert gerade dieser uneigennützigen Anstalt wohl erkannt und Dr. Schneller restlos in seinen alten Wirkungskreis zurückversetzt. Hier hat er von neuem seine Tätigkeit in aufopferungsvoller Arbeit begonnen.

E. Schlußbetrachtung.

Betrachten wir nun abschließend die Ergebnisse der vorliegenden Arbeit, so ergibt sich von selbst die Fragestellung: Welche Möglichkeiten lassen sich hieraus theoretisch für die Volkswirtschaft Palestinas ableiten und welche Aussichten ergeben sich für eine gesunde volkswirtschaftliche Entwicklung des Landes? Die zwei Hauptteile meiner Arbeit lassen erkennen, daß die Beantwortung dieses Fragenkomplexes nur möglich ist, auf Grund wirtschaftlicher und politischer Voraussetzungen.

Wirtschaftliche Voraussetzungen

Als wirtschaftliche Voraussetzungen fasse ich noch einmal kurz zusammen: Der Schwerpunkt der wirtschaftlichen Entwicklung des Landes liegt auf Grund seiner Bodenstruktur, auf Grund seiner klimatischen Verhältnisse bei dem Plantagen- und dem Gartenbau. Hier ist ein aussichtsreiches Feld der Entwicklung vorgezeichnet, analog der raschen und blühenden Entwicklung Kaliforniens. Im Anbau von Spezialkulturen Orangen, Wein, Oliven, Tabak wird man nicht nur der Beschaffenheit des Bodens und dem Klima gerecht, man schafft auch eine Produktion, der im Rahmen der Weltwirtschaft sehr wohl eine Stellung einzuräumen ist. Die Qualität und Besonderheit der produzierten Güter wird ohne fühlbare Konkurrenz sich rasch den Weltmarkt erobern.

Hinter diesem landwirtschaftlichen Produktionszweig, der als der allein aussichtsreiche zu bezeichnen ist, wird der Getreidebau zurückstehen. Seine Abhängigkeit von der Regenmenge, die Tatsache, daß das Ergebnis der Ernte, im Jahresdurchschnitt schwankend vom 5fachen bis 80fachen

Ertrage, durch Heuschrecken, Feldmäuse ständig bedroht ist, schließlich die ungeeignete Qualität des Weizens für Brotherstellung, lassen ihn in den Hintergrund treten. Weiter ist die Nachbarschaft großer Kornkammern im Hauran und Ostjordanland, die Einfuhr billigen australischen Weizens eine Konkurrenz, der der palestinensische Getreidebau nicht gewachsen sein wird.

Die Entwicklung einer aussichtsreichen Industrie wird gleichfalls ausbleiben. Ohne Kohle und Eisen, ohne ausgebaute, billige Verkehrswege nach den vorhandenen Rohstoffen, etwa nach dem Toten Meer, ohne schiffbare Flüsse, lediglich auf den teueren Eisenbahntransport angewiesen, mit einer in keiner Weise für industrielle Zwecke geeigneten Bevölkerung, dies alles in einem Lande ohne jede Kaufkraft und zuletzt unter dem Mandat einer Großmacht, die das Land selbst als Absatzgebiet eigener industrieller Erzeugnisse betrachtet, sind die Grenzen einer lokalen Industrie auf Jahre hinaus festgelegt für den Konsum des Landes und eine in der Entwicklung begriffene Verarbeitungsindustrie, der sich aus dem Plantagenbau ergebenden Produkte.

Nur für den Handel kann man neben der Plantagenwirtschaft die Auspizien günstiger stellen. Zwar wird die mangelnde Kaufkraft des Landes selbst den lokalen Handel noch lange Zeit am Aufblühen verhindern, aber die Lage des Landes bestimmt es gleichzeitig zum Durchgangsmarkt zwischen den Märkten des Orients und Okzidents. Für die gleichfalls unter englischem Mandat stehenden Hinterländer Mesopotamien, Arabien, auch Syrien bildet Palestina die Handelsbasis. Immer enger und inniger werden durch die englische Orientpolitik diese Länder miteinander durch Bahnen, Luftlinien, Petroleumleitungen usw. verknüpft werden. Der Landweg nach Indien wird Palestina und besonders die Hafenstadt Haifa in den Brennpunkt des internationalen Verkehrs rücken. Es ergibt sich von selbst, daß, nachdem erst einmal der Transithandel sich zu dieser Bedeutung aufgeschwungen haben wird, er rasch die Kaufkraft der Bevölkerung zu heben imstande ist und somit die bestehende Industrie von Palestina, die sich nach Fertigstellung des Rutenberg-Projektes eine billige Kraftquelle geschaffen haben wird, befruchten kann.

Politische Voraussetzungen.

Als weiteres Ergebnis dieser Arbeit erweist sich die Tatsache, daß die Quellen wirtschaftlicher Kraft nicht in diesem Lande selbst, welches vorwiegend aus einer verarmten Bauernbevölkerung besteht, zu finden sind, sondern, daß das Land auf die wirtschaftliche Hilfe und Unterstützung von außen her angewiesen ist. Diese Unterstützung hat eingesetzt durch die starke, von Idealismus getragene Welle der zionistischen Bewegung in allen Ländern der Welt. Ihrer Opferbereitschaft ist es zu verdanken, daß blühende Plantagen und Siedlungen in dem Lande entstanden sind. Aber es ist nicht zu verkennen, daß der Kapitalstrom, der von dieser Seite her dem Lande zufließt, abebbt, ja seine Dauer ist vom volkswirtschaftlichen Standpunkt aus undenkbar, solange das Land es nicht vermag, volkswirtschaftliche Interessen beim Großkapital der ganzen Welt zu erregen. Geht man von dieser Betrachtungsweise aus einen Schritt weiter und fragt sich, was ist geeignet die Blicke tatenhungriger Wirtschaftsgrößen und Verbände auf die wirtschaftliche Erschließung des Landes zu lenken, so ergibt sich, daß die dargelegten volkswirtschaftlichen Eigenschaften nicht die Anziehungskraft auszuüben vermögen, die das Großkapital zur wirtschaftlichen Erschließung des Landes bestimmen könnte. Erst, wenn alle anderen aussichtsreichen Länder als Absatzgebiete nicht mehr in Frage kommen, werden sich die Blicke auf Palestina richten und sich das Betätigungsfeld dort schaffen. Erst wenn in anderen Teilen der Welt nicht mehr nutzbringend produziert werden kann, wird der Unternehmer auf Palestina, wo er billige Arbeitskräfte in den Eingeborenen findet und gleichzeitig den, von ihm geschaffenen Markt infolge seines Standortes beherrscht, gegenüber der ausländischen Konkurrenz, zurückgreifen.

Die conditio sine qua non ist aber, und ich glaube dieses ist bisher nie genügend gewürdigt worden, nach außen und innen eine politische Konstellation, die dem Unternehmer die Gewähr einer gesicherten und erfolgreichen Existenz bietet. Wir haben gesehen, daß den Volkskörper gewaltige Bewegungen spalten, die im Kräftespiel gegeneinander ihre Kraft neutralisieren. Die Folge solcher Neutralisation der politischen Kräfte ist Stagnation der Wirtschaft. Solange die Kräfte sich im Kampf gegeneinander aufreiben, heben sie sich auch wirtschaftlich auf. Für diese Tatsache bietet Deutschland ein trauriges und warnendes Beispiel. Es wird nicht, oder nur vorübergehend, gelingen, die Kräfte gemeinsam und gleichmäßig in den Wirtschaftskörper einzuordnen, vielmehr kann man nur in einer ausgesprochenen Präponderanz einer Bewegung die Voraussetzung wirtschaftlicher Entwicklung sehen. Eine Präponderanz, wie sie beispiellos von Mustafa Kemal Pascha geschaffen wurde und die zur notwendigen Gefolgschaft hatte, wirtschaftliches Interesse und Förderung wirtschaftlicher Interessen von allen Seiten und allen Ländern.

Die Ergebnisse der vorliegenden Arbeit erlauben mir nicht die Möglichkeit dieser einseitigen Präponderanz einer der großen Bewegungen, die das Land spalten, aus den vorliegenden Tatsachen abzuleiten. Infolgedessen wird das Land weiter auf Jahre hinaus in sich gespalten und, zersetzt durch die sich neutralisierenden Bewegungen, ein Spielball weltpolitischer Interessen der Großmächte bleiben.

R. Boll, Buchdruckerei, Berlin NW 6

FSC
www.fsc.org
MIX
Papier | Fördert gute Waldnutzung
FSC® C083411

Kolibri 360 GmbH
Ferdinand-Jühlke-Straße 7
99095 Erfurt, Deutschland
produktsicherheit@kolibri360.de